③ Nach dem Schreiben überprüfe ich
einzelne Wörter noch einmal
und schlage sie in der Wörterliste nach.
Dabei helfen mir die Tipps
zum Nachschlagen.

Tipp 1
Zerlege die zusammengesetzten Wörter
und schlage die Wörter einzeln nach.

Tipp 2
Achte auch auf den **zweiten**
und dritten Buchstaben.
Dann kommst du schneller zum Ziel!

Tipp 3
Manche Laute haben verschiedene Buchstaben.
Überlege, wo du noch nachschlagen könntest.
Zum Beispiel: **f** → f und v, **k** → c und k,
w → w und v

Tipp 4
Bilde die **Grundform**, denn so stehen
die meisten Wörter in der Wörterliste.

BAUSTEINE

Wörterbuch
plus Bildwörterbuch in 5 Sprachen

Diesterweg
westermann

© 2016 Bildungshaus Schulbuchverlage
Westermann Schroedel Diesterweg Schöningh Winklers GmbH,
Georg-Westermann-Allee 66, 38104 Braunschweig
www.westermann.de

Druck A^9 / Jahr 2024
Alle Drucke der Serie A sind im Unterricht parallel verwendbar.

Redaktion: Nicole Amrein; omnibooks (Bielefeld)
Illustrationen: Antje Bohnstedt, Franziska Kalch, Silke Reimers
Umschlaggestaltung: Druckreif! Annette Henko, Braunschweig,
mit einer Illustration von Antje Bohnstedt
Layout: Druckreif! Annette Henko, Braunschweig
Druck und Bindung: Westermann Druck Zwickau GmbH,
Crimmitschauer Straße 43, 08058 Zwickau

ISBN 978-3-425-**16420**-5

Inhalt

Die Lösungen
zu den Fit-Übungen
findet ihr ab Seite 270.

Einleitung

- Dieses Wörterbuch hilft dir,
  wenn du nicht sicher weißt,
  wie ein Wort geschrieben wird.

- Alle Wörter sind nach dem Abc geordnet.
  Die Bilder neben den Buchstaben helfen dir,
  den gesuchten Buchstaben schnell zu finden.

A

ab

der Abend

- Nomen sind blau, Verben sind rot, Adjektive
  sind grün. Alle sonstigen Wörter sind schwarz
  gedruckt.

- In allen mehrsilbigen Wörtern sind die
  Sprechsilben markiert, wie zum Beispiel in
  Adler, bellen, einfach und morgen.

- In der Wörterliste kannst du sehen,
  ob **der, die** oder **das** vor ein Nomen gestellt wird:

  > der **Baum**
  > die **Blume**
  > das **Buch**

- Bei vielen Nomen findest du
  die Einzahl und die Mehrzahl:

  > der **Ball,**
  > die **Bälle**

- Bei den Verben lernst du
  verschiedene Formen kennen:

  > **bauen,**
  > sie **baut**

- Bei vielen Adjektiven kannst du
  verwandte Formen finden:

  > **alt,**
  > **älter**

So lernst du, Wörter nachzuschlagen:

- Ganz wichtig ist es für dich, das Abc genau zu kennen. Nur wenn du weißt, in welcher Reihenfolge die Buchstaben geordnet sind, kannst du auch schnell im Wörterverzeichnis ein Wort finden.

- Um das Nachschlagen zu üben, findest du auf den Seiten 55 – 61 spezielle Aufgaben. Dabei geht es zum Beispiel um Übungen zum Abc, Nachschlagen von Wörtern und Bildern und Rätselwörter.

- Wichtig ist es dabei, immer die Seitenzahlen der Wörter, die du suchen sollst, zu notieren. Dann hast du auch eine bessere Kontrolle, ob du das richtige Wort gefunden hast.

- Die Lösungen zu den Aufgaben findest du ab Seite 270.

A B C D E F G H I J K L M N O P Q R S T U V W X Y Z

A

ab

der Abend,

die Abende

abends

das Abenteuer,

die Abenteuer

aber

acht

der Adler,

die Adler

der Affe,

die Affen

alle, alles

als

also

alt, älter

am

die Ameise,

die Ameisen

die Ampel,

die Ampeln

an

andere

anders

die Angst,

die Ängste

ängstlich,

ängstlicher

die Anleitung,

die Anleitungen

die Antwort,

die Antworten

antworten,

sie antwortet

der Apfel,

die Äpfel

der April

arbeiten,

er arbeitet

arm, ärmer

der **Arm**,

die **Arme**

der **Ast**,

die **Äste**

auch

auf

die **Aufgabe**,

die **Aufgaben**

aufpassen,

sie **passt auf**

das **Auge**,

die **Augen**

der **August**

aus

das **Auto**,

die **Autos**

der **Autor**,

die **Autoren**

die **Axt**,

die **Äxte**

B

das **Baby**,

die **Babys**

der **Bach**,

die **Bäche**

backen,

er **backt**

baden,

sie **badet**

bald

der **Ball**,

die **Bälle**

die **Banane**,

die **Bananen**

die **Bank**,

die **Bänke**

der **Bär**,

die **Bären**

basteln,

er **bastelt**

A
B
C
D
E
F
G
H
I
J
K
L
M
N
O
P
Q
R
S
T
U
V
W
X
Y
Z

der Bauch,

die Bäuche

bauen,

sie baut

der Baum,

die Bäume

der Becher,

die Becher

beginnen,

es beginnt

begrüßen,

er begrüßt

bei

beide

das Bein,

die Beine

bekommen,

er bekommt

bellen,

sie bellt

beobachten,

er beobachtet

berechnen,

sie berechnet

besonders

besser

der Besuch,

die Besuche

das Bett,

die Betten

bewegen,

er bewegt

sich bewegen,

er bewegt sich

bezahlen,

sie bezahlt

die Biene,

die Bienen

das Bild,

die Bilder

billig, billiger

ich bin

die Birne,

die Birnen

bis

du bist

bitten,

er bittet

das Blatt,

die Blätter

blau, blauer

bleiben,

sie bleibt

blühen,

es blüht

die Blume,

die Blumen

die Blüte,

die Blüten

der Boden,

die Böden

das Boot,

die Boote

böse, böser

die Botschaft,

die Botschaften

boxen,

er boxt

der Boxer,

die Boxer

der Braten,

die Braten

brauchen,

sie braucht

braun,

brauner

der Brei,

die Breie

brennen,

es brennt

der Brief,

die Briefe

bringen,

er bringt

A
B
C
D
E
F
G
H
I
J
K
L
M
N
O
P
Q
R
S
T
U
V
W
X
Y
Z

das **Brot**,

die **Brote**

das **Brötchen**,

die **Brötchen**

der **Bruder**,

die **Brüder**

der **Bub**,

die **Buben**

das **Buch**,

die **Bücher**

die **Bücherei**,

die **Büchereien**

bunt, **bunter**

die **Burg**,

die **Burgen**

der **Bus**,

die **Busse**

der **Busch**,

die **Büsche**

die **Butter**

C

der **Cent**,

die **Cents**

der **Christbaum**,

die **Christbäume**

das **Christkind**

der **Clown**,

die **Clowns**

der **Computer**,

die **Computer**

D

da

das Dach,

die Dächer

die Dame,

die Damen

damit

danken,

sie dankt

dann

darin

das

die Decke,

die Decken

der Deich,

die Deiche

dein, deine

deinem

deinen

deiner

deines

dem

den

denken,

er denkt

denn

der

des

der Dezember

dich

dicht,

dichter

dick, dicker

die

der Dieb,

die Diebe

der Dienstag,

die Dienstage

diese

diesem

diesen

dieser

dieses

das Ding,

die Dinge

der Dinosaurier,

die Dinosaurier

dir

doch

der Donner,

die Donner

der Donnerstag,

die Donnerstage

das Dorf,

die Dörfer

dort

die Dose,

die Dosen

der Drache,

die Drachen

der Drachen,

die Drachen

draußen

drei

drücken,

sie drückt

du

der Duft,

die Düfte

dunkel,

dunkler

dünn, dünner

durch

dürfen,

er darf

der Durst

durstig,

durstiger

die Dusche,

die Duschen

die Düse,

die Düsen

E

die Ecke,

die Ecken

eckig,

eckiger

das Ei,

die Eier

der Eimer,

die Eimer

ein

eine

einem

einen

einer

eines

einfach,

einfacher

der Einfall,

die Einfälle

einige

einkaufen,

sie kauft ein

einladen,

er lädt ein

einmal

eins

das Eis

der Elefant,

die Elefanten

elektrisch

elf

die Eltern

das Ende,

die Enden

endlich

eng, enger

entdecken,

sie entdeckt

die Ente,

die Enten

er

A
B
C
D
E
F
G
H
I
J
K
L
M
N
O
P
Q
R
S
T
U
V
W
X
Y
Z

die **Erbse**,

die **Erbsen**

die **Erdbeere**,

die **Erdbeeren**

die **Erde**

erfahren,

sie erfährt

erfinden,

er erfindet

die **Erfindung**,

die **Erfindungen**

erfüllen,

er erfüllt

die **Erkältung**,

die **Erkältungen**

erklären,

sie erklärt

erlauben,

er erlaubt

erreichbar,

erreichbarer

erst

erzählen,

sie erzählt

es

der **Esel**,

die **Esel**

essen,

er isst

etwas

euch

euer

die **Eule**,

die **Eulen**

eure

der **Euro**,

die **Euros**

F

fahren,

sie **fährt**

das **Fahrrad,**

die **Fahrräder**

der **Fahrstuhl,**

die **Fahrstühle**

fallen,

er **fällt**

falsch

die **Familie,**

die **Familien**

fangen,

sie **fängt**

die **Fantasie,**

die **Fantasien**

die **Farbe,**

die **Farben**

farbig,

farbiger

fast

der **Februar**

die **Feder,**

die **Federn**

die **Fee,**

die **Feen**

fehlen,

er **fehlt**

der **Fehler,**

die **Fehler**

feiern,

sie **feiert**

feige, feiger

fein, feiner

das **Feld,**

die **Felder**

das **Fell,**

die **Felle**

das **Fenster,**

die **Fenster**

die **Ferien**

A
B
C
D
E
F
G
H
I
J
K
L
M
N
O
P
Q
R
S
T
U
V
W
X
Y
Z

der Fernseher,

die Fernseher

fertig

fest, fester

das Fest,

die Feste

das Feuer,

die Feuer

die Figur,

die Figuren

der Film,

die Filme

finden,

er findet

der Finger,

die Finger

der Fisch,

die Fische

fix, fixer

die Flasche,

die Flaschen

fleißig,

fleißiger

die Fliege,

die Fliegen

fliegen,

sie fliegt

flink,

flinker

die Flöte,

die Flöten

der Flügel,

die Flügel

das Flugzeug,

die Flugzeuge

flüssig,

flüssiger

die Form,

die Formen

fort

das Foto,

die Fotos

die **Frage**,

die **Fragen**

fragen,

er **fragt**

die **Frau**,

die **Frauen**

frech,

frecher

der **Freitag**,

die **Freitage**

fremd,

fremder

der **Fremde**,

die **Fremden**

die **Fremde**,

die **Fremden**

fressen,

sie **frisst**

die **Freude**,

die **Freuden**

sich **freuen**,

er **freut** sich

der **Freund**,

die **Freunde**

die **Freundin**,

die **Freundinnen**

der **Friede**,

die **Frieden**

der **Frieden**,

die **Frieden**

friedlich,

friedlicher

frieren,

sie **friert**

frisch,

frischer

froh,

froher

die **Frucht**,

die **Früchte**

früh,

früher

der **Frühling,**

die **Frühlinge**

fühlen,

sie **fühlt**

füllen,

er **füllt**

der **Füller,**

die **Füller**

fünf

für

der **Fuß,**

die **Füße**

der **Fußball,**

die **Fußbälle**

das **Futter**

füttern,

sie **füttert**

G

die **Gabel,**

die **Gabeln**

ganz

der **Garten,**

die **Gärten**

geben,

er **gibt**

der **Geburtstag,**

die **Geburtstage**

gefährlich,

gefährlicher

gegen

geheim,

geheimer

das **Geheimnis,**

die **Geheimnisse**

geheimnisvoll,

geheimnis-

voller

gehen,

sie geht

die Geige,

die Geigen

gelb,

gelber

das Geld,

die Gelder

das Gemüse,

die Gemüse

genug

gern, gerne

das Geschenk,

die Geschenke

die Geschichte,

die Geschichten

das Gesicht,

die Gesichter

das Gespenst,

die Gespenster

gestern

gesund,

gesünder

die Gesundheit

giftig, giftiger

das Glas,

die Gläser

die Glocke,

die Glocken

das Glück

graben,

er gräbt

das Gras,

die Gräser

groß, größer

grün, grüner

gruselig,

gruseliger

die Gurke,

die Gurken

gut, besser

H

das Haar,
die Haare
haben,
sie hat
der Hai,
die Haie
die Hälfte,
die Hälften
der Hals,
die Hälse
halten,
er hält
der Hammer,
die Hämmer
der Hamster,
die Hamster
die Hand,
die Hände
das Handy,

die Handys
hängen,
sie hängt
die Harke,
die Harken
hart, härter
der Hase,
die Hasen
der Haufen,
die Haufen
häufig,
häufiger
das Haus,
die Häuser
zu Hause
die Haut,
die Häute
heben,
er hebt
die Hecke,
die Hecken

das **Heft**,
die **Hefte**
heimlich,
heimlicher
heiß, **heiß**er
heißen,
sie **heißt**
helfen,
er **hilft**
hell, **heller**
das **Hemd**,
die **Hemden**
her
herab
herauf
heraus
der **Herbst**,
die **Herbste**
der **Herr**,
die **Herren**
das **Herz**,

die **Herzen**
heute
die **Hexe**,
die **Hexen**
hier
die **Hilfe**,
die **Hilfen**
der **Himmel**,
die **Himmel**
hin
hinaus
hinein
hinter
hinunter
hoch, **höher**
der **Hof**,
die **Höfe**
die **Höhle**,
die **Höhlen**
holen,
sie **holt**

A B C D E F G H I J K L M N O P Q R S T U V W X Y Z

das **Holz**,

die **Hölzer**

hören,

er **hört**

die **Hose**,

die **Hosen**

der **Hund**,

die **Hunde**

der **Hunger**

hundert

hüpfen,

sie **hüpft**

der **Hut**,

die **Hüte**

I

ich

die **Idee**,

die **Ideen**

der **Igel**,

die **Igel**

das **Iglu**,

die **Iglus**

ihm

ihn

ihnen

ihr, ihre

im

immer

in

der **Indianer**,

die **Indianer**

die **Inlineskates**

die **Insel**,

die **Inseln**

irgendwo

er **isst** einen **Apfel**

sie **ist** im **Haus**

J

ja

die Jacke,

die Jacken

jagen,

sie jagt

der Jäger,

die Jäger

das Jahr,

die Jahre

der Januar

je

die Jeans,

die Jeans

jede

jedem

jeden

jeder

jedes

jemand

jetzt

das Jo-Jo,

die Jo-Jos

das Judo

der Juli

jung,

jünger

der Junge,

die Jungen

der Juni

K

der **Käfer**,

die **Käfer**

der **Käfig**,

die **Käfige**

der **Kaiser**,

die **Kaiser**

die **Kaiserin**,

die **Kaiserinnen**

das **Kalb**,

die **Kälber**

der **Kalender**,

die **Kalender**

kalt,

kälter

die **Kälte**

das **Kamel**,

die **Kamele**

das **Känguru**,

die **Kängurus**

das **Kaninchen**,

die **Kaninchen**

die **Karte**,

die **Karten**

die **Kartoffel**,

die **Kartoffeln**

die **Kastanie**,

die **Kastanien**

die **Katze**,

die **Katzen**

kauen,

er **kaut**

kaufen,

sie **kauft**

kein, **keine**

keinem

keinen

keiner

keines

kennen,

er **kennt**

die Kerze,

die Kerzen

das Kind,

die Kinder

die Kirsche,

die Kirschen

die Kiste,

die Kisten

die Klasse,

die Klassen

das Klavier,

die Klaviere

kleben,

sie klebt

das Kleid,

die Kleider

klein, kleiner

klettern,

er klettert

klingeln,

es klingelt

klingen,

es klingt

knabbern,

sie knabbert

der Koch,

die Köche

der Koffer,

die Koffer

kommen,

er kommt

das Konfetti

der König,

die Könige

die Königin,

die Königinnen

können,

sie kann

der Kopf,

die Köpfe

der Korb,

die Körbe

der **Körper**,

die **Körper**

kosten,

es kostet

krank,

kränker

die **Krone**,

die **Kronen**

die **Küche**,

die **Küchen**

der **Kuchen**,

die **Kuchen**

die **Kuh**,

die **Kühe**

kurz, kürzer

küssen,

er küsst

die **Kutsche**,

die **Kutschen**

L

lachen,

sie lacht

die **Lampe**,

die **Lampen**

das **Land**,

die **Länder**

lang,

länger

langsam,

langsamer

lassen,

er lässt

das **Lasso**,

die **Lassos**

die **Laterne**,

die **Laternen**

das **Laub**

laufen,

sie läuft

laut,

lauter

leben,

er lebt

das Leben,

die Leben

lebendig,

lebendiger

lecker,

leckerer

leer

legen,

sie legt

der Lehrer,

die Lehrer

die Lehrerin,

die Lehrerinnen

leicht,

leichter

leider

leise, leiser

die Leiter,

die Leitern

lernen,

er lernt

lesen,

sie liest

die Leute

das Lexikon,

die Lexika

das Licht,

die Lichter

lieb,

lieber

lieben,

er liebt

das Lied,

die Lieder

liegen,

es liegt

der Liegestuhl,

die Liegestühle

M

das Lineal,

die Lineale

links

loben,

sie lobt

das Loch,

die Löcher

der Löffel,

die Löffel

der Löwe,

die Löwen

die Luft,

die Lüfte

lustig,

lustiger

machen,

er macht

das Mädchen,

die Mädchen

der Mai

malen,

sie malt

die Mama,

die Mamas

man

manchmal

der Mann,

die Männer

der Mantel,

die Mäntel

das Märchen,

die Märchen

der März

die Maschine,

die Maschinen	der Meter,
die Maus,	die Meter
die Mäuse	mich
das Meer,	die Milch
die Meere	die Minute,
mehr	die Minuten
mein, meine	mir
meinem	mit
meinen	mittags
meinen,	der Mittwoch,
er meint	die Mittwoche
meiner	mixen,
meines	sie mixt
der Mensch,	der Mixer,
die Menschen	die Mixer
merken,	mögen,
sie merkt	er mag
messen,	der Monat,
er misst	die Monate
das Messer,	der Mond,
die Messer	die Monde

der **Montag**,

die **Montage**

das **Moos**,

die **Moose**

morgen

morgens

der **Morgen**,

die **Morgen**

müde, **müder**

der **Müll**

der **Mund**,

die **Münder**

die **Murmel**,

die **Murmeln**

müssen,

es **muss**

die **Mutter**,

die **Mütter**

die **Mütze**,

die **Mützen**

N

nach

nachmittags

die **Nachricht**,

die **Nachrichten**

die **Nacht**,

die **Nächte**

nachts

die **Nadel**,

die **Nadeln**

der **Nagel**,

die **Nägel**

der **Name**,

die **Namen**

naschen,

sie **nascht**

die **Nase**,

die **Nasen**

das **Nashorn**,

die **Nashörner**

die **Natur**,

die **Naturen**

natürlich,

natürlicher

der **Nebel**,

die **Nebel**

nehmen,

er **nimmt**

nein

das **Nest**,

die **Nester**

das **Netz**,

die **Netze**

neu, **neuer**

neugierig,

neugieriger

neun

nicht

nichts

nie

niemand

der **Nikolaus**,

die **Nikoläuse**

die **Nixe**,

die **Nixen**

noch

der **Nordpol**

die **Not**,

die **Nöte**

der **November**

die **Nudel**,

die **Nudeln**

null

die **Nummer**,

die **Nummern**

nun

nur

A
B
C
D
E
F
G
H
I
J
K
L
M
N
O
P
Q
R
S
T
U
V
W
X
Y
Z

O

ob

oben

das Obst

obwohl

der Ochse,

die Ochsen

oder

der Ofen,

die Öfen

offen

öffnen,

sie öffnet

oft

ohne

das Ohr,

die Ohren

der Oktober

die Oma,

die Omas

der Onkel,

die Onkel

online

der Opa,

die Opas

die Orange,

die Orangen

ordentlich,

ordentlicher

der Ort,

die Orte

das Osterei,

die Ostereier

der Osterhase,

die Osterhasen

das Ostern,

die Ostern

P

das Paar,

die Paare

packen,

er packt

das Paket,

die Pakete

die Palme,

die Palmen

der Papa,

die Papas

das Papier,

die Papiere

die Pappe,

die Pappen

der Park,

die Parks

parken,

sie parkt

der Partner,

die Partner

die Partnerin,

die Partnerinnen

passen,

es passt

die Pause,

die Pausen

das Pech

der Pelz,

die Pelze

der Pfeffer

pfeifen,

sie pfeift

das Pferd,

die Pferde

die Pflanze,

die Pflanzen

pflanzen,

er pflanzt

die Pflaume,

die Pflaumen

pflegen,

sie pflegt

der Pilz,

die Pilze

der Pinguin,

die Pinguine

die Pinnwand,

die Pinnwände

der Pinsel,

die Pinsel

der Pirat,

die Piraten

die Piratin,

die Piratinnen

das Plakat,

die Plakate

der Platz,

die Plätze

plötzlich

plump,

plumper

die Polizei

poltern,

er poltert

das Pony,

die Ponys

die Post

der Preis,

die Preise

der Prinz,

die Prinzen

die Prinzessin,

die Prinzessinnen

der Pudding,

die Puddings

die Puppe,

die Puppen

putzen,

sie putzt

Q 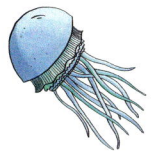   R

das Quadrat,

die Quadrate

quaken,

er quakt

die Qualle,

die Quallen

der Qualm

der Quark

quasseln,

sie quasselt

der Quatsch

die Quelle,

die Quellen

quer

das Quiz,

die Quiz

der Rabe,

die Raben

die Rache

das Rad,

die Räder

das Radio,

die Radios

die Rakete,

die Raketen

der Ranzen,

die Ranzen

rasen,

er rast

raten,

sie rät

das Rätsel,

die Rätsel

die Ratte,

die Ratten

A B C D E F G H I J K L M N O P Q R S T U V W X Y Z

der	**Räuber**,	der	**Reifen**,
die	**Räuber**	die	**Reifen**
der	**Rauch**	der	**Reis**
der	**Raum**,	die	**Reise**,
die	**Räume**	die	**Reisen**
die	**Raupe**,		**reisen**,
die	**Raupen**	er	**reist**
	rechnen,		**rennen**,
er	**rechnet**	sie	**rennt**
	rechts		**retten**,
	reden,	er	**rettet**
sie	**redet**		**riechen**,
die	**Regel**,	sie	**riecht**
die	**Regeln**		**riesig**,
der	**Regen**		**riesiger**
	regnen,	der	**Ring**,
es	**regnet**	die	**Ringe**
das	**Reh**,	der	**Ritter**,
die	**Rehe**	die	**Ritter**
	reich,	der	**Rock**,
	reicher	die	**Röcke**

A B C D E F G H I J K L M N O P Q R S T U V W X Y Z

S

rollen,
er rollt
der Roller,
die Roller
rot, röter
der Rücken,
die Rücken
rufen,
sie ruft
die Ruhe
rund
die Rutsche,
die Rutschen
rutschen,
er rutscht

die Sache,
die Sachen
der Saft,
die Säfte
sagen,
sie sagt
die Sahne
das Salz,
die Salze
salzig,
salziger
der Samen,
die Samen
sammeln,
er sammelt
der Samstag,
die Samstage
der Sand,
die Sande

A B C D E F G H I J K L M N O P Q R S T U V W X Y Z

sandig,

sandiger

sanft, sanfter

der Satz,

die Sätze

sauber,

sauberer

das Schaf,

die Schafe

die Schale,

die Schalen

scharf,

schärfer

der Schatten,

die Schatten

der Schatz,

die Schätze

schauen,

er schaut

scheinen,

sie scheint

schenken,

er schenkt

die Schere,

die Scheren

scheu,

scheuer

schicken,

sie schickt

schieben,

er schiebt

das Schiff,

die Schiffe

der Schirm,

die Schirme

schlafen,

sie schläft

schlagen,

er schlägt

schlecht,

schlechter

der Schlitten,

die Schlitten

das Schloss,

die Schlösser

der Schlüssel,

die Schlüssel

schmecken,

es schmeckt

der Schmetterling,

die Schmetterlinge

schmökern,

er schmökert

schmücken,

sie schmückt

der Schmutz

der Schnee

schneiden,

er schneidet

schneien,

es schneit

schnell,

schneller

der Schnupfen,

die Schnupfen

die Schokolade,

die Schokoladen

schon

schön,

schöner

der Schrank,

die Schränke

schreiben,

sie schreibt

schreien,

er schreit

die Schrift,

die Schriften

der Schuh,

die Schuhe

schuldig,

schuldiger

die Schule,

die Schulen

A
B
C
D
E
F
G
H
I
J
K
L
M
N
O
P
Q
R
S
T
U
V
W
X
Y
Z

A
B
C
D
E
F
G
H
I
J
K
L
M
N
O
P
Q
R
S
T
U
V
W
X
Y
Z

der Schüler,

die Schüler

die Schülerin,

die Schülerinnen

die Schüssel,

die Schüsseln

schütteln,

sie schüttelt

der Schwan,

die Schwäne

schwarz,

schwärzer

schwer,

schwerer

die Schwester,

die Schwestern

schwimmen,

er schwimmt

sechs

der See,

die Seen

sehen,

sie sieht

sehr

ihr seid

die Seife,

die Seifen

das Seil,

die Seile

sein,

er ist

sein, seine

seinem

seinen

seiner

seines

seit

seitdem

die Seite,

die Seiten

die Sekunde,

die Sekunden

selbst

der September

setzen,

sie setzt

sich setzen,

er setzt sich

sich

sicher,

sicherer

sichtbar

sie

sieben

die Silbe,

die Silben

sie sind

singen,

er singt

der Sinn,

die Sinne

sitzen,

sie sitzt

so

sofort

der Sohn,

die Söhne

sollen,

er soll

der Sommer,

die Sommer

sondern

der Sonnabend,

die Sonnabende

die Sonne,

die Sonnen

der Sonnenschirm,

die Sonnen-

schirme

der Sonntag,

die Sonntage

die Spaghetti

spannend,

spannender

sparen,

sie spart

der Spaß,

die Späße

spät,

später

der Spaziergang,

die Spaziergänge

der Spiegel,

die Spiegel

das Spiel,

die Spiele

spielen,

er spielt

spitz, spitzer

der Sport

der Spott

sprechen,

sie spricht

springen,

er springt

die Spur,

die Spuren

spüren,

sie spürt

spurten,

er spurtet

der Stab,

die Stäbe

der Stachel,

die Stachel

die Stadt,

die Städte

die Stange,

die Stangen

der Stängel,

die Stängel

stark, stärker

statt

der Staub

stecken,

sie steckt

	stehen,
er	steht
	steigen,
sie	steigt
der	Stein,
die	Steine
	stellen,
er	stellt
der	Stern,
die	Sterne
der	Stiefel,
die	Stiefel
der	Stift,
die	Stifte
	still, stiller
das	Stockwerk,
die	Stockwerke
die	Straße,
die	Straßen
der	Strauch,
die	Sträucher

der	Streit,
die	Streite
sich	streiten,
sie	streitet sich
der	Strich,
die	Striche
der	Stuhl,
die	Stühle
die	Stunde,
die	Stunden
der	Sturm,
die	Stürme
	stürmen,
es	stürmt
	suchen,
er	sucht
der	Südpol
die	Suppe,
die	Suppen
	süß, süßer

T

die **Tafel**,

die **Tafeln**

der **Tag**,

die **Tage**

tanken,

sie **tankt**

die **Tante**,

die **Tanten**

tanzen,

er **tanzt**

die **Tasche**,

die **Taschen**

die **Tasse**,

die **Tassen**

das **Taxi**,

die **Taxis**

der **Teddy**,

die **Teddys**

der **Tee**,

die **Tees**

der **Teich**,

die **Teiche**

das **Telefon**,

die **Telefone**

der **Teller**,

die **Teller**

der **Teppich**,

die **Teppiche**

teuer,

teurer

der **Text**,

die **Texte**

das **Thermometer**,

die **Thermometer**

tief,

tiefer

das **Tier**,

die **Tiere**

der **Tiger**,

die **Tiger**

der **Tipp**,

die **Tipps**

der **Tisch**,

die **Tische**

der **Titel**,

die **Titel**

toben,

sie **tobt**

die **Tochter**,

die **Töchter**

toll,

toller

die **Tomate**,

die **Tomaten**

der **Topf**,

die **Töpfe**

das **Tor**,

die **Tore**

tot

tragen,

er **trägt**

der **Traum**,

die **Träume**

träumen,

sie **träumt**

traurig,

trauriger

treffen,

er **trifft**

die **Treppe**,

die **Treppen**

treten,

sie **tritt**

der **Trick**,

die **Tricks**

trinken,

er **trinkt**

trocken,

trockener

die **Trommel**,

die **Trommeln**

trotzdem

A
B
C
D
E
F
G
H
I
J
K
L
M
N
O
P
Q
R
S
T
U
V
W
X
Y
Z

die Tube,

die Tuben

das Tuch,

die Tücher

tun,

sie tut

die Tür,

die Türen

der Turm,

die Türme

turnen,

er turnt

die Tüte,

die Tüten

typisch,

typischer

U

üben,

sie übt

über

überall

die Überraschung,

die Über-
raschungen

die Überschrift,

die Überschriften

übrig

die Übung,

die Übungen

das Ufo,

die Ufos

die Uhr,

die Uhren

der Uhu,

die Uhus

um

die **Umwelt**

umziehen,

er **zieht um**

sich **umziehen,**

sie **zieht** sich **um**

und

die **Ungeduld**

unheimlich,

unheimlicher

uns

unser, unsere

unsichtbar

der **Unsinn**

unten

unter

der **Unterricht**

unterwegs

der **Urlaub,**

die **Urlaube**

V

der **Vampir,**

die **Vampire**

die **Vase,**

die **Vasen**

der **Vater,**

die **Väter**

das **Verbot,**

die **Verbote**

der **Verkehr**

das **Verlies,**

die **Verliese**

der **Vers,**

die **Verse**

verschwinden,

er **verschwindet**

versuchen,

er **versucht**

der **Vertrag,**

die **Verträge**

A
B
C
D
E
F
G
H
I
J
K
L
M
N
O
P
Q
R
S
T
U
V
W
X
Y
Z

viel

viele

vielleicht

vier

die Villa,

die Villen

der Vogel,

die Vögel

voll, voller

vom

von

vor

vorlesen,

sie liest vor

vorsichtig,

vorsichtiger

vorstellen,

er stellt vor

der Vortrag,

die Vorträge

W

wachen,

er wacht

wählen,

sie wählt

der Wald,

die Wälder

wann

er war

sie waren

warm, wärmer

die Wärme

du warst

ihr wart

warten,

sie wartet

warum

was

waschen,

er wäscht

sich **waschen**,

sie **wäscht** sich

das **Wasser**,

die **Wasser**

der **Wecker**,

die **Wecker**

weg

der **Weg**,

die **Wege**

wegfliegen,

sie **fliegt weg**

weich,

weicher

die **Weide**,

die **Weiden**

das **Weihnachten**,

die **Weihnachten**

weil

weiß, **weißer**

weit, **weiter**

weiter

welche

die **Welt**,

die **Welten**

wenig,

weniger

wenn

wer

werden,

es **wird**

werfen,

er **wirft**

das **Werkzeug**,

die **Werkzeuge**

das **Wetter**,

die **Wetter**

wichtig,

wichtiger

wie

wieder

die **Wiege**,

die **Wiegen**

A
B
C
D
E
F
G
H
I
J
K
L
M
N
O
P
Q
R
S
T
U
V
W
X
Y
Z

die **Wiese**,

die **Wiesen**

wild, **wilder**

das **Wild**schwein,

die **Wild**schweine

der **Wind**,

die **Wind**e

der **Wint**er,

die **Wint**er

wir

wissen,

sie **weiß**

wo

die **Woche**,

die **Wochen**

wohnen,

er **wohnt**

die **Wohnung**,

die **Wohnungen**

der **Wolf**,

die **Wölfe**

die **Wolke**,

die **Wolken**

die **Wolle**

wollen,

sie **will**

das **Wort**,

die **Wörter**

wunderbar,

wunderbarer

der **Wunsch**,

die **Wünsche**

wünschen,

er **wünscht**

würfeln,

sie **würfelt**

der **Wurm**,

die **Würmer**

die **Wurst**,

die **Würste**

die **Wurzel**,

die **Wurzeln**

X

das **Xylofon**,
die **Xylofone**

Y

das **Yak**,
die **Yaks**
das **Ypsilon**,
die **Ypsilons**

Z

die **Zahl**,
die **Zahlen**
　　zahlen,
er **zahlt**
　　zählen,
sie **zählt**
　　zahm, **zahmer**
der **Zahn**,
die **Zähne**
　　zaubern,
er **zaubert**
der **Zaun**,
die **Zäune**
das **Zebra**,
die **Zebras**
der **Zeh**,
die **Zehen**
die **Zehe**,
die **Zehen**

A
B
C
D
E
F
G
H
I
J
K
L
M
N
O
P
Q
R
S
T
U
V
W
X
Y
Z

zehn

zeichnen,

sie zeichnet

zeigen,

sie zeigt

die Zeit,

die Zeiten

die Zeitung,

die Zeitungen

das Zelt,

die Zelte

der Zettel,

die Zettel

die Ziege,

die Ziegen

ziehen,

er zieht

das Ziel,

die Ziele

das Zimmer,

die Zimmer

der Zimt

der Zoo,

die Zoos

zu

der Zucker

der Zug,

die Züge

zum

zur

zusammen

zwei

der Zweig,

die Zweige

der Zwerg,

die Zwerge

die Zwiebel,

die Zwiebeln

zwölf

1 Zauberei

Der Zauberer hat aus jedem Hut
einen Buchstaben aus dem Abc
verschwinden lassen.
Schreibe die fehlenden
Buchstaben auf.
Wie heißt das Lösungswort?

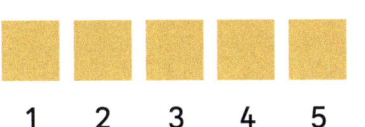

1   2   3   4   5

2 Im Zirkus

Die Zuschauer sitzen im

und freuen sich auf die Vorstellung.

Zuerst kommt ein ,

dann ein und schließlich ein

mit einem .

Ein spielt mit  .

Dann kommt der

und alle müssen lachen.

Zum Schluss zaubert ein Mann

einen aus dem Hut.

Das war ein schöner Abend!

Im Zirkus gibt es viel zu sehen.
Schreibe den Text ab
und ersetze dabei
die Bilder durch Wörter.
Schlage die Wörter nach
und notiere die Seitenzahlen.

3 Wörtersuche nach dem Abc

Schreibe das Abc untereinander auf.
Suche dir im Wörterbuch zu jedem Buchstaben
ein Nomen und schreibe es dahinter.
Schreibe so: Advent
             Baby

   →   Wiederhole die Aufgabe mit den Verben.
      Für welche Anfangsbuchstaben
      ist kein Verb zu finden?

4 In der Schule

Was tun wir in der Schule?
Schreibe die Verben und die Seitenzahlen auf.
Schreibe so: wir malen (Seite ...), wir ...

5 Jetzt schlägt es dreizehn!

Schlage die Zahlen
1, 2, 3, 4, 5, 6, 7, 8, 9, 10, 11 und 12 nach.
Schreibe so: 1 = eins (Seite ...), 2 = ...

6 Die Zeit vergeht wie im Fluge

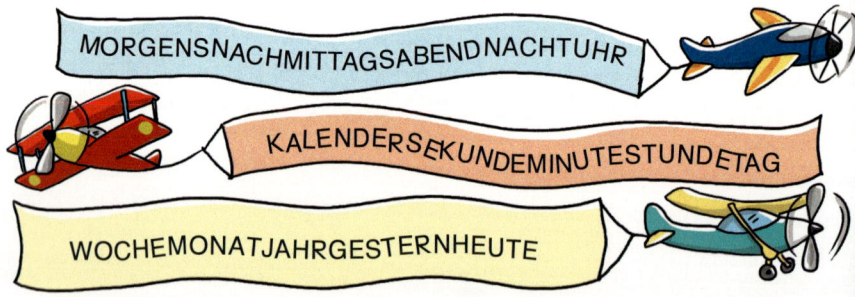

MORGENSNACHMITTAGSABENDNACHTUHR

KALENDERSEKUNDEMINUTESTUNDETAG

WOCHEMONATJAHRGESTERNHEUTE

Die Flugzeuge ziehen fünfzehn Wörter hinter sich
her, die mit dem Thema Zeit zu tun haben.
Schlage die Wörter nach und schreibe sie
mit den Seitenzahlen auf.
Achte auf die Groß- und Kleinschreibung!
Schreibe so: morgens (Seite ...)

7 Die Jahreszeiten

Herbst   Winter   Frühling   Sommer

Hier ist nur die Hälfte der Wörter zu lesen.

Weißt du, wie die Jahreszeiten heißen?

Schlage sie nach und notiere den Artikel

(Begleiter) und die Seitenzahl.

Schreibe so: der Herbst (Seite ...)

8 Einladung zur Familienfeier

Maria plant eine Familienfeier.
Wen soll sie einladen?
Finde zehn Nomen.
Schlage sie nach
und notiere die Artikel (Begleiter),
die Mehrzahl und die Seitenzahl.
Schreibe so: die Mutter, die Mütter (Seite ...)

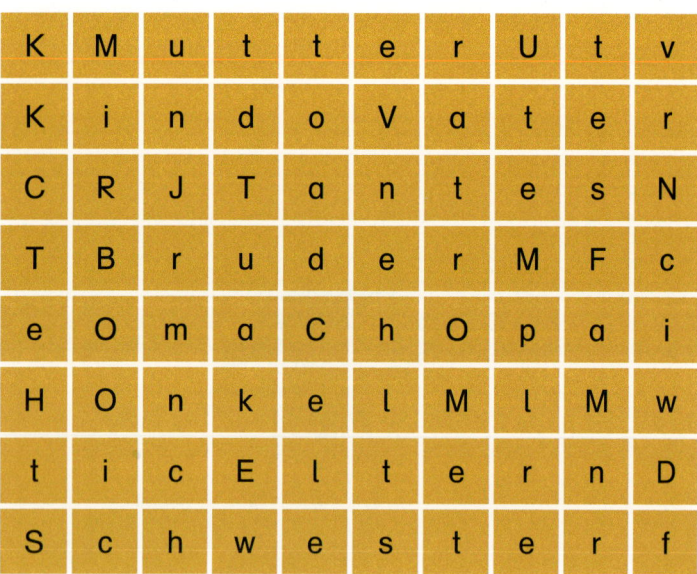

K	M	u	t	t	e	r	U	t	v
K	i	n	d	o	V	a	t	e	r
C	R	J	T	a	n	t	e	s	N
T	B	r	u	d	e	r	M	F	c
e	O	m	a	C	h	O	p	a	i
H	O	n	k	e	l	M	l	M	w
t	i	c	E	l	t	e	r	n	D
S	c	h	w	e	s	t	e	r	f

9 Runde Ecken und feste Flüssigkeiten?

① dunkel	② spät	③ laut
④ fest	⑤ kurz	⑥ weit
⑦ schlecht	⑧ rund	⑨ hart
⑩ reich	⑪ langsam	⑫ alt
⑬ klein	⑭ dick	⑮ leicht

Finde immer das Gegenteil zu dem Adjektiv.
Schlage nach und notiere jeweils
beide Seitenzahlen.
Schreibe so: 1 dunkel (Seite ...) — hell (Seite ...)

→ Denke dir zu den Adjektiven
einen sinnvollen Satz aus.
Schreibe zum Beispiel so:
Nachts ist es nicht hell, sondern dunkel.

ω Wörter schwingen und deutlich sprechen

Samstag	zwei	Fenster	Raupe
Aufgabe	Freundin	träumen	von
Fantasie	pflanzen	wegfliegen	November

① Sprich die Wörter in Silben.

② Schreibe die Wörter ab. Zeichne Silbenbögen ein.

●ff●	B●ld	M●x●r	●g●l
M●●s	G●s●cht	R●●p●	n●●
St●rm	w●hn●n	T●sch	w●●t

③ Welche Wörter werden hier gesucht?
   Schreibe die Wörter auf
   und ergänze die Selbstlaute.

④ Schreibe die Wörter zu den Bildern auf.
   Achte auf die Endungen -el, -en, -er.

↪ Wörter verlängern

das Fel▪   das Bil▪   der Duf▪   gesun▪

der Aben▪   das Bro▪   frem▪   der Hun▪

kal▪   der As▪   der San▪   der Freun▪

① Entscheide, ob du d oder t einsetzen musst.
Schreibe die Wörter mit ihrer Verlängerung auf.

der Monta▪   star▪   der Ta▪   der Vortra▪

die Ban▪   neugieri▪   sandi▪   die Musi▪

der Vertra▪   das Din▪   der We▪   der Schran▪

② Entscheide, ob du g oder k einsetzen musst.
Schreibe die Wörter mit ihrer Verlängerung auf.

gel▪   das Mikrosko▪   lie▪

der Stau▪   der Sta▪   das Sie▪

der Kor▪   das Kal▪   plum▪

③ Entscheide, ob du b oder p einsetzen musst.
Schreibe die Wörter mit ihrer Verlängerung auf.

 Wörter ableiten

warm	der Fehler	bewohnt
wissen	die Wissenschaft	wärmen
wohnen	gefehlt	die Wärme
hoffen	die Wohnung	gehofft
fehlen	die Hoffnung	der Mitwisser

① Welche Wörter sind miteinander verwandt?
Schreibe die Wortfamilien zusammen auf.

der Bäcker	gezählt	wählen	ängstlich
die Mäuse	die Räume	läuten	der Läufer
erwärmen	häufig	die Säcke	die Bäume
die Kräuter	kälter	die Fäuste	täglich

② Suche zu jedem Wort
ein verwandtes mit a oder au.
Schreibe die Wortpaare zusammen auf.

👤 Länge des Selbstlautes prüfen

Schiff	Nase	Blume	Mund
Fenster	falten	voll	Rad
hell	Milch	Welt	Tor

① Wird der markierte Selbstlaut
lang oder kurz gesprochen?
Schreibe die Wörter in eine Tabelle.

Wörter mit langem Selbstlaut	Wörter mit kurzem Selbstlaut

A●e	Sa●z	Zi●er	Di●g
A●pel	Bla●	Ba●	Fi●ger
Fe●	Que●e	Ba●k	Sti●t
A●t	So●e	Tu●m	Kla●e

② Muss der fehlende Mitlaut verdoppelt werden?
Schreibe die Wörter richtig in eine Tabelle.

Wörter mit kurzem Selbstlaut und verschiedenen Mitlauten	Wörter mit kurzem Selbstlaut und doppeltem Mitlaut

N↑ Nomen großschreiben

① Ordne die Nomen nach Menschen, Tieren, Pflanzen und Dingen.
Schreibe sie geordnet mit Begleiter (Artikel) und der Mehrzahl auf.

fahrrad	blühen	endlich	freund
ihn	fenster	hart	gurke
groß	geld	gruselig	leicht
kiste	still	platz	sandig

② Welche Wörter sind Nomen?
Schreibe sie mit Begleiter (Artikel) auf.

① Schreibe die Merkwörter mit V/v auf
und markiere V/v.

H●●r	M●●r	M●●r	Z●●
T●●	B●●t	P●●r	W●●ge
Schn●●	M●●s	S●●	S●●l

② Schreibe die Merkwörter mit doppeltem
Selbstlaut auf und markiere aa, ee, oo.

③ Schreibe die Merkwörter mit X/x und Y/y auf
und markiere X/x und Y/y.

Einleitung

- Die Wörter sind nach dem Abc geordnet.
- Die Buchstaben ä, ö, ü, ß und äu sind unter a, o, u, ss und au geordnet.

- In dieser Wörterliste findest du neben der richtigen Schreibweise eines Wortes zahlreiche weitere Informationen.

- Die (runden Klammern) bieten dir Erklärungen zu den Wörtern, zum Beispiel:

> die **Antarktis** (Südpol)

- Steht am Ende ein „=" mit einem Wort dahinter, bedeutet dies, dass es noch eine weitere richtige Schreibweise an einer anderen Stelle im Abc gibt, zum Beispiel:

> das **Jo-Jo**, die Jo-Jos
> = Yo-Yo

- Steht ein **auch** in Klammern (auch: ...), kannst du erkennen, dass es noch eine weitere richtige Schreibweise an der gleichen Stelle im Abc gibt, zum Beispiel:

> **sodass** (auch: so dass)

- Ein **auch** in Klammern zeigt dir außerdem an,
  dass es noch eine weitere Möglichkeit gibt,
  die Mehrzahl zu bilden, zum Beispiel:

  > das **Salto**, die Saltos
  > (auch: die Salti)

- Abkürzungen stehen in [eckigen Klammern],
  zum Beispiel:

  > der **Zentimeter** [cm]

- Wie du ein Wort richtig trennen kannst,
  zeigen dir die Sil|ben|trenn|stri|che.
  Manchmal gibt es dabei auch verschiedene Möglichkeiten,
  die richtig sind, zum Beispiel:

  > her|um (auch: he|rum)

- Bei den Verben werden neben der Grundform (Infinitiv)
  immer auch die Gegenwart (Präsens),
  die einfache Vergangenheit (Präteritum) und
  die zusammengesetzte Vergangenheit (Perfekt)
  aufgeführt, zum Beispiel:

  > ste|hen,
  > er steht, er stand,
  > er hat gestanden

- Bei vielen Adjektiven werden neben der Grundform auch die Vergleichsstufen angegeben, zum Beispiel:

> **groß,**
> größer,
> am größten

> Das ist das spannendste Buch, das ich je gelesen habe.

- Wenige Adjektive haben keine Vergleichsstufen, zum Beispiel:

> **leer**

- Quiesel gibt dir Tipps zu kniffeligen Rechtschreibproblemen und Fremdwörtern.

- Das ❗ zeigt dir, zu welchen Wörtern du einen Tipp von Quiesel findest.

---

eins/Eins

Kleinschreibung
ein Jahr alt
es ist halb eins
ein mal vier

der einjährige Junge
der 1-jährige Junge
einmal
1-mal

Großschreibung
die Zahl Eins
eine Eins schreiben
eine Eins im Zeugnis
viele Einsen

A

ab
ab|bie|gen,
sie biegt ab, sie bog ab,
sie ist abgebogen
die **Ab|bil|dung,**
die Abbildungen
der **Abend,** ❗
die Abende
abends ❗
das **Aben|teu|er,**
die Abenteuer
aber
ab|fah|ren,
er fährt ab, er fuhr ab,
er ist abgefahren

❗

Abend/abends

Großschreibung
am Abend
eines Abends
heute Abend
am Montagabend
es wird Abend
Guten Abend!

Kleinschreibung
abends
montagabends
morgens und abends

---

die **Ab|fahrt,**
die Abfahrten
der **Ab|fall,** die Abfälle
der **Ab|flug,** die Abflüge
das **Ab|gas,**
die Abgase
der **Ab|grund,**
die Abgründe
ab|gu|cken,
sie guckt ab,
sie guckte ab,
sie hat abgeguckt
der **Ab|hang,** die Abhänge
ab|kop|peln,
er koppelt ab,
er koppelte ab,
er hat abgekoppelt
ab|kür|zen,
sie kürzt ab,
sie kürzte ab,
sie hat abgekürzt
die **Ab|kür|zung,**
die Abkürzungen
ab|len|ken,
er lenkt ab,
er lenkte ab,
er hat abgelenkt
ab|neh|men,
sie nimmt ab,
sie nahm ab,
sie hat abgenommen
der **Ab|satz,** die Absätze

ab|schal|ten,
er schaltet ab,
er schaltete ab,
er hat abgeschaltet
der **Ab|schied**,
die Abschiede
der **Ab|schluss**,
die Abschlüsse
ab|schrei|ben,
sie schreibt ab,
sie schrieb ab,
sie hat abgeschrieben
ab|seits
ab|sen|den,
er sendet ab,
er sandte ab,
er hat abgesandt
der **Ab|sen|der**,
die Absender
der **Ab|stand**,
die Abstände
ab|stel|len,
sie stellt ab,
sie stellte ab,
sie hat abgestellt
der **Ab|sturz**,
die Abstürze
ab|stür|zen,
er stürzt ab,
er stürzte ab,
er ist abgestürzt
die **Ab|wehr**

das **Ab|zei|chen**,
die Abzeichen
die **Ach|se**,
die Achsen
acht ❶
ach|ten,
sie achtet,
sie achtete,
sie hat geachtet
acht|los, achtloser,
am achtlosesten
acht|mal
acht|zehn
acht|zig
der **Acker**, die Äcker

acht/Acht

Kleinschreibung
acht Jahre alt
es ist halb acht
acht mal vier

der achtjährige Junge
der 8-jährige Junge
achtmal
8-mal

Großschreibung
die Zahl Acht
ein Achtel
eine Acht fahren

A
B
C
D
E
F
G
H
I
J
K
L
M
N
O
P
Q
R
S
T
U
V
W
X
Y
Z

ad|die|ren,
er addiert,
er addierte,
er hat addiert
die **Ad|di|ti|on,**
die Additionen
das **Ad|jek|tiv** (Wiewort),
die Adjektive
der **Ad|ler,** die Adler
die **Ad|res|se,**
die Adressen
der **Ad|vent,**
die Advente
der **Af|fe,**
die Affen
Af|ri|ka
ah|nen,
sie ahnt,
sie ahnte,
sie hat geahnt
ähn|lich,
ähnlicher,
am ähnlichsten
die **Ähn|lich|keit,**
die Ähnlichkeiten
die **Ah|nung,**
die Ahnungen
der **Ahorn|baum,**
die Ahornbäume
die **Äh|re,** die Ähren
das **Ak|kor|de|on,**
die Akkordeons

der **Ak|ku,**
die Akkus
der **Ak|ro|bat,**
die Akrobaten
die **Ak|ro|ba|tin,**
die Akrobatinnen
die **Ak|ti|on,**
die Aktionen
ak|tiv,
aktiver, am aktivsten
Al|ba|ni|en
al|bern,
alberner,
am albernsten
das **All**
Al|lah
al|le
die **Al|lee,** die Alleen
al|lein, alleine
al|ler|dings
die **Al|ler|gie**
(auch: All|er|gie),
die Allergien
al|ler|gisch
(auch: all|er|gisch)
al|ler|hand
Al|ler|hei|li|gen
al|les
all|mäh|lich
all|zu
die **Alm,** die Almen
die **Al|pen** (Gebirge)

das **Al|pha|bet**,
    die Alphabete
    als
    al|so
    alt, älter,
    am ältesten
das **Al|ter**
das **Alu|mi|ni|um** (Metall)
    am
die **Amei|se**, die Ameisen
    Ame|ri|ka
der **Am|mer|see**
die **Am|pel**,
    die Ampeln
die **Am|sel**, die Amseln
sich **amü|sie|ren**,
    er amüsiert sich,
    er amüsierte sich,
    er hat sich amüsiert
    an
die **Ana|nas**,
    die Ananas
    an|dau|ernd
das **An|den|ken**,
    die Andenken
    an|de|re
    än|dern,
    sie ändert,
    sie änderte,
    sie hat geändert
    an|ders
    An|dor|ra

    an|ein|an|der
    (auch: an|ei|nan|der)
der **An|fang**,
    die Anfänge
    an|fan|gen,
    es fängt an,
    es fing an,
    es hat angefangen
der **An|fän|ger**,
    die Anfänger
    an|fas|sen,
    er fasst an,
    er fasste an,
    er hat angefasst
    an|fer|ti|gen,
    sie fertigt an,
    sie fertigte an,
    sie hat angefertigt
    an|ge|ben,
    er gibt an,
    er gab an,
    er hat angegeben
    an|geb|lich
die **An|gel**, die Angeln
    an|geln,
    sie angelt, sie angelte,
    sie hat geangelt
    an|ge|nehm,
    angenehmer,
    am angenehmsten
    an|ge|regt
    an|ge|tan

A
B
C
D
E
F
G
H
I
J
K
L
M
N
O
P
Q
R
S
T
U
V
W
X
Y
Z

der **Ang|ler**,
die Angler
die **Ang|le|rin**,
die Anglerinnen
die **Angst**, die Ängste ❗
ängst|lich,
ängstlicher,
am ängstlichsten
an|kli|cken,
er klickt an,
er klickte an,
er hat angeklickt
an|kom|men,
sie kommt an,
sie kam an,
sie ist angekommen
die **An|la|ge**,
die Anlagen
an|leh|nen,
er lehnt an,
er lehnte an,
er hat angelehnt
die **An|lei|tung**,
die Anleitungen
an|neh|men,
sie nimmt an,
sie nahm an,
sie hat angenommen
der **Ano|rak**, die Anoraks
die **An|re|de**,
die Anreden
der **An|ruf**, die Anrufe

> ❗ **Angst/angst**
>
> **Großschreibung**
> Angst haben,
> sie hat Angst
> Angst machen,
> es macht mir Angst
>
> **Kleinschreibung**
> mir ist angst und
> bange

die **An|sa|ge**, die Ansagen
an|schau|en,
er schaut an,
er schaute an,
er hat angeschaut
an|schau|lich,
anschaulicher,
am anschaulichsten
an|schlie|ßend
die **An|schrift**,
die Anschriften
an|se|hen,
sie sieht an,
sie sah an,
sie hat angesehen
an|stän|dig,
anständiger,
am anständigsten
an|statt

sich **an|stren|gen**,
> er strengt sich an,
> er strengte sich an,
> er hat sich angestrengt
> **an|stren|gend**,
> anstrengender,
> am anstrengendsten

die **Ant|ark|tis** (Südpol)

die **An|ten|ne**,
> die Antennen

der **An|trieb**,
> die Antriebe

die **Ant|wort**,
> die Antworten
> **ant|wor|ten**,
> sie antwortet,
> sie antwortete,
> sie hat geantwortet

die **An|zahl**, die Anzahlen

die **An|zei|ge**, die Anzeigen

die **An|zei|ge|ta|fel**,
> die Anzeigetafeln

sich **an|zie|hen**,
> er zieht sich an,
> er zog sich an,
> er hat sich angezogen

der **An|zug**, die Anzüge

der **Ap|fel**, die Äpfel

die **Ap|fel|si|ne**,
> die Apfelsinen

die **Apo|the|ke**,
> die Apotheken

der **Apo|the|ker**,
> die Apotheker

die **Apo|the|ke|rin**,
> die Apothekerinnen

der **Ap|pa|rat**,
> die Apparate

der **Ap|pe|tit**

der **Ap|plaus**,
> die Applause

die **Ap|ri|ko|se**,
> die Aprikosen

der **Ap|ril**

das **Aqua|ri|um**,
> die Aquarien

der **Äqua|tor**

die **Ar|beit**, die Arbeiten
> **ar|bei|ten**,
> sie arbeitet,
> sie arbeitete,
> sie hat gearbeitet

der **Ar|chäo|lo|ge**,
> die Archäologen

die **Ar|chäo|lo|gin**,
> die Archäologinnen

der **Ar|chi|tekt**,
> die Architekten

die **Ar|chi|tek|tin**,
> die Architektinnen

der **Är|ger**
> **är|ger|lich**,
> ärgerlicher,
> am ärgerlichsten

A
B
C
D
E
F
G
H
I
J
K
L
M
N
O
P
Q
R
S
T
U
V
W
X
Y
Z

är|gern,
er ärgert, er ärgerte,
er hat geärgert
das **Ar|gu|ment**,
die Argumente
die **Ark|tis** (Nordpol)
arm,
ärmer, am ärmsten
der **Arm**, die Arme
die **Arm|band|uhr**,
die Armbanduhren
der **Är|mel**, die Ärmel
die **Art**, die Arten
ar|tig, artiger,
am artigsten
der **Ar|ti|kel** (Begleiter),
die Artikel
der **Ar|tist**, die Artisten
die **Ar|tis|tin**,
die Artistinnen
der **Arzt**, die Ärzte
die **Ärz|tin**, die Ärztinnen
Asi|en
der **Ast**, die Äste
der **As|te|ro|id**,
die Asteroiden
der **As|tro|naut**
(auch: Ast|ro|naut),
die Astronauten
die **As|tro|nau|tin**
(auch: Ast|ro|nau|tin),
die Astronautinnen

der **Atem**
atem|los
der **At|las**, die Atlanten
(auch: die Atlasse)
at|men,
sie atmet, sie atmete,
sie hat geatmet
die **At|mung**
auch
auf
auf|bau|en,
er baut auf,
er baute auf,
er hat aufgebaut
auf|fal|len,
sie fällt auf, sie fiel auf,
sie ist aufgefallen
die **Auf|ga|be**,
die Aufgaben
auf|ge|wärmt
auf|hän|gen,
sie hängt auf,
sie hängte auf,
sie hat aufgehängt
auf|hö|ren,
er hört auf, er hörte auf,
er hat aufgehört
auf|merk|sam,
aufmerksamer,
am aufmerksamsten
die **Auf|merk|sam|keit**
die **Auf|mun|te|rung**

auf|pas|sen,
sie passt auf,
sie passte auf,
sie hat aufgepasst
auf|räu|men,
er räumt auf,
er räumte auf,
er hat aufgeräumt
auf|re|gend,
aufregender,
am aufregendsten
die **Auf|re|gung**,
die Aufregungen
auf|rich|ten,
sie richtet auf,
sie richtete auf,
sie hat aufgerichtet
der **Auf|satz**,
die Aufsätze
auf|schre|cken,
er schreckt auf,
er schreckte auf,
er ist aufgeschreckt
auf|ste|hen,
sie steht auf,
sie stand auf,
sie ist aufgestanden
auf|stel|len,
er stellt auf,
er stellte auf,
er hat aufgestellt
der **Auf|wand**

auf|wän|dig,
aufwändiger,
am aufwändigsten
= aufwendig
auf|we|cken,
sie weckt auf,
sie weckte auf,
sie hat aufgeweckt
auf|wen|dig,
aufwendiger,
am aufwendigsten
= aufwändig
das **Au|ge**, die Augen
der **Au|gen|blick**,
die Augenblicke
die **Au|gen|braue**,
die Augenbrauen
das **Au|gen|lid**,
die Augenlider
der **Au|gust**
aus
die **Aus|bil|dung**,
die Ausbildungen
die **Aus|dau|er**
aus|ein|an|der
(auch: aus|ei|nan|der)
die **Aus|fahrt**,
die Ausfahrten
der **Aus|flug**, die Ausflüge
aus|führ|lich,
ausführlicher,
am ausführlichsten

aus|höh|len,
er höhlt aus,
er höhlte aus,
er hat ausgehöhlt
die **Aus|kunft**, die Auskünfte
das **Aus|land**
aus|län|disch
aus|lei|hen,
sie leiht aus,
sie lieh aus,
sie hat ausgeliehen
die **Aus|nah|me**,
die Ausnahmen
aus|nahms|wei|se
aus|pa|cken,
er packt aus,
er packte aus,
er hat ausgepackt
aus|pro|bie|ren,
sie probiert aus,
sie probierte aus,
sie hat ausprobiert
der **Aus|puff**, die Auspuffe
aus|rech|nen,
sie rechnet aus,
sie rechnete aus,
sie hat ausgerechnet
die **Aus|re|de**, die Ausreden
aus|rei|chen,
es reicht aus,
es reichte aus,
es hat ausgereicht

aus|schei|den,
er scheidet aus,
er schied aus,
er ist ausgeschieden
aus|schnei|den,
sie schneidet aus,
sie schnitt aus,
sie hat ausgeschnitten
aus|se|hen,
er sieht aus,
er sah aus,
er hat ausgesehen
au|ßen
au|ßer
au|ßer|dem
au|ßer|halb
die **Aus|sicht**,
die Aussichten
aus|sichts|los,
aussichtsloser,
am aussichtslosesten
die **Aus|spra|che**
aus|stel|len,
sie stellt aus,
sie stellte aus,
sie hat ausgestellt
die **Aus|stel|lung**,
die Ausstellungen
aus|su|chen,
er sucht aus,
er suchte aus,
er hat ausgesucht

B

Aus|tra|li|en
(auch: Aust|ra|li|en)

die **Aus|wahl**

aus|wäh|len,
sie wählt aus,
sie wählte aus,
sie hat ausgewählt

aus|wärts

der **Aus|weg**, die Auswege

der **Aus|weis**, die Ausweise

aus|wen|dig

aus|zie|hen,
er zieht aus,
er zog aus,
er ist ausgezogen

sich **aus|zie|hen,**
er zieht sich aus,
er zog sich aus,
er hat sich
ausgezogen

das **Au|to**, die Autos

das **Au|to|gramm,**
die Autogramme

der **Au|to|mat,**
die Automaten

der **Au|tor**
(Schriftsteller),
die Autoren

die **Au|to|rin**
(Schriftstellerin),
die Autorinnen

die **Axt**, die Äxte

das **Ba|by**, die Babys

der **Bach**, die Bäche

die **Ba|cke**, die Backen

ba|cken,
er backt
(auch: er bäckt),
er backte
(auch: er buk),
er hat gebacken

der **Ba|cken|zahn,**
die Backenzähne

der **Bä|cker,**
die Bäcker

die **Bä|cke|rei,**
die Bäckereien

die **Bä|cke|rin,**
die Bäckerinnen

das **Bad,**
die Bäder

der **Ba|de|an|zug,**
die Badeanzüge

die **Ba|de|ho|se,**
die Badehosen

ba|den,
sie badet, sie badete,
sie hat gebadet

Ba|den-Würt|tem|berg

der **Bag|ger,**
die Bagger

die **Bahn**, die Bahnen

der **Bahn|hof**,
die Bahnhöfe

die **Bak|te|rie**,
die Bakterien

die **Ba|lan|ce**
(Gleichgewicht),
die Balancen

ba|lan|cie|ren,
er balanciert,
er balancierte,
er ist balanciert
(auch: er hat balanciert)

bald

der **Bal|ken**,
die Balken

der **Bal|kon**,
die Balkone
(auch: die Balkons)

der **Ball**, die Bälle

das **Bal|lett**, die Ballette

der **Bal|lon**,
die Ballons

die **Ba|na|ne**,
die Bananen

das **Band**, die Bänder

die **Band**
(Musikgruppe),
die Bands

die **Ban|de**,
die Banden

die **Bank** (Sitzbank),
die Bänke

die **Bank** (Geldinstitut),
die Banken

der **Bär**, die Bären

bä|ren|stark

bar|fuß

die **Bä|rin**, die Bärinnen

der **Bart**, die Bärte

bär|tig,
bärtiger,
am bärtigsten

der **Bass**, die Bässe

bas|teln,
sie bastelt,
sie bastelte,
sie hat gebastelt

der **Bau** (Tierhöhle),
die Baue

der **Bauch**, die Bäuche

bau|en,
er baut, er baute,
er hat gebaut

der **Bau|er**
(Landwirt),
die Bauern

die **Bäu|e|rin**
(Landwirtin),
die Bäuerinnen

der **Baum**,
die Bäume

bay|e|risch
(auch: bay|risch)

Bay|ern

be|ant|wor|ten,
sie beantwortet,
sie beantwortete,
sie hat beantwortet
be|ar|bei|ten,
er bearbeitet,
er bearbeitete,
er hat bearbeitet
der **Be|cher**, die Becher
das **Be|cken**, die Becken
sich be|dan|ken,
sie bedankt sich,
sie bedankte sich,
sie hat sich bedankt
der **Be|darf**
be|deu|ten,
es bedeutet,
es bedeutete,
es hat bedeutet
die **Be|deu|tung**,
die Bedeutungen
be|dro|hen,
er bedroht,
er bedrohte,
er hat bedroht
be|drückt,
bedrückter,
am bedrücktesten
das **Be|dürf|nis**,
die Bedürfnisse
die **Bee|re**, die Beeren
das **Beet**, die Beete

be|fes|ti|gen,
sie befestigt,
sie befestigte,
sie hat befestigt
sich be|fin|den,
er befindet sich,
er befand sich,
er hat sich befunden
be|frei|en,
sie befreit,
sie befreite,
sie hat befreit
be|geg|nen,
er begegnet,
er begegnete,
er ist begegnet
be|geis|tert,
begeisterter,
am begeistertsten
die **Be|geis|te|rung**
be|gin|nen,
es beginnt,
es begann,
es hat begonnen
be|glei|ten,
sie begleitet,
sie begleitete,
sie hat begleitet
der **Be|glei|ter**,
die Begleiter
die **Be|glei|te|rin**,
die Begleiterinnen

be|grei|fen,
er begreift, er begriff,
er hat begriffen
be|grü|ßen,
sie begrüßt,
sie begrüßte,
sie hat begrüßt
die **Be|grü|ßung**,
die Begrüßungen
be|hal|ten,
er behält, er behielt,
er hat behalten
der **Be|häl|ter**,
die Behälter
be|haup|ten,
sie behauptet,
sie behauptete,
sie hat behauptet
be|hilf|lich,
behilflicher,
am behilflichsten
be|hin|dert,
behinderter,
am behindertesten
die **Be|hin|de|rung**,
die Behinderungen
bei
beich|ten,
er beichtet,
er beichtete,
er hat gebeichtet
bei|de

der **Bei|fall**
beim
das **Bein**, die Beine
bei|na|he
(auch: bei|nah)
das **Bei|spiel**,
die Beispiele
bei|ßen,
sie beißt, sie biss,
sie hat gebissen
be|kannt,
bekannter,
am bekanntesten
die **Be|klei|dung**
be|kom|men,
er bekommt,
er bekam,
er hat bekommen
be|lei|di|gen,
sie beleidigt,
sie beleidigte,
sie hat beleidigt
die **Be|lei|di|gung**,
die Beleidigungen
Bel|gi|en
bel|len,
er bellt, er bellte,
er hat gebellt
be|loh|nen,
sie belohnt,
sie belohnte,
sie hat belohnt

die **Be|loh|nung**,
    die Belohnungen
sich **be|mü|hen**,
    er bemüht sich,
    er bemühte sich,
    er hat sich bemüht
die **Be|mü|hung**,
    die Bemühungen
    be|nut|zen,
    sie benutzt,
    sie benutzte,
    sie hat benutzt
    be|ob|ach|ten,
    er beobachtet,
    er beobachtete,
    er hat beobachtet
die **Be|ob|ach|tung**,
    die Beobachtungen
    be|quem,
    bequemer,
    am bequemsten
    be|rech|nen,
    sie berechnet,
    sie berechnete,
    sie hat berechnet
    be|reit
    be|reits
die **Be|reit|schaft**,
    die Bereitschaften
der **Berg**, die Berge
der **Be|richt**,
    die Berichte

    be|rich|ten,
    er berichtet,
    er berichtete,
    er hat berichtet
die **Be|rich|ti|gung**,
    die Berichtigungen
    Ber|lin (Hauptstadt)
der **Be|ruf**, die Berufe
    be|ru|hi|gen,
    sie beruhigt,
    sie beruhigte,
    sie hat beruhigt
    (auch: sie ist beruhigt)
    be|rühmt,
    berühmter,
    am berühmtesten
der **Be|rüh|rung**,
    die Berührungen
der **Be|scheid**,
    die Bescheide
die **Be|schei|ni|gung**,
    die Bescheinigungen
die **Be|sche|rung**,
    die Bescherungen
    be|schlie|ßen,
    er beschließt,
    er beschloss,
    er hat beschlossen
    be|schrei|ben,
    sie beschreibt,
    sie beschrieb,
    sie hat beschrieben

A
B
C
D
E
F
G
H
I
J
K
L
M
N
O
P
Q
R
S
T
U
V
W
X
Y
Z

die **Be|schrei|bung**,
　die Beschreibungen
be|schüt|zen,
　er beschützt,
　er beschützte,
　er hat beschützt
sich **be|schwe|ren**,
　sie beschwert sich,
　sie beschwerte sich,
　sie hat sich beschwert
be|schwer|lich,
　beschwerlicher,
　am beschwerlichsten
der **Be|sen**, die Besen
be|setzt
be|sich|ti|gen,
　er besichtigt,
　er besichtigte,
　er hat besichtigt
der **Be|sit|zer**,
　die Besitzer

die **Be|sit|ze|rin**,
　die Besitzerinnen
be|son|de|re
be|son|ders
be|sor|gen,
　sie besorgt,
　sie besorgte,
　sie hat besorgt
bes|ser, am besten ❗
die **Bes|se|rung**
das **Be|steck**, die Bestecke
be|ste|hen,
　er besteht,
　er bestand,
　er hat bestanden
die **Be|stel|lung**,
　die Bestellungen
die **Bes|tie**, die Bestien
be|stim|men,
　sie bestimmt,
　sie bestimmte,
　sie hat bestimmt
be|stimmt
der **Be|such**, die Besuche
be|su|chen,
　er besucht,
　er besuchte,
　er hat besucht
be|to|nen,
　sie betont,
　sie betonte,
　sie hat betont

❗ beste/Beste

Kleinschreibung
die beste Schülerin
es ist am besten
bestens

Großschreibung
die Beste der Klasse
es ist das Beste

die **Be|to|nung**,
die Betonungen
be|trach|ten,
er betrachtet,
er betrachtete,
er hat betrachtet
der **Be|trieb**,
die Betriebe
be|trof|fen
das **Bett**, die Betten
bet|teln,
sie bettelt,
sie bettelte,
sie hat gebettelt
beu|gen,
er beugt, er beugte,
er hat gebeugt
die **Beu|le**, die Beulen
die **Beu|te**
der **Beu|tel**,
die Beutel
die **Be|völ|ke|rung**,
die Bevölkerungen
be|vor
be|wah|ren,
sie bewahrt,
sie bewahrte,
sie hat bewahrt
be|we|gen,
er bewegt,
er bewegte,
er hat bewegt

be|weg|lich,
beweglicher,
am beweglichsten
die **Be|we|gung**,
die Bewegungen
der **Be|weis**,
die Beweise
be|wei|sen,
sie beweist,
sie bewies,
sie hat bewiesen
die **Be|wöl|kung**,
die Bewölkungen
be|zah|len,
er bezahlt,
er bezahlte,
er hat bezahlt
die **Bi|bel**, die Bibeln
der **Bi|ber**, die Biber
die **Bi|blio|thek**
(auch: Bib|lio|thek),
die Bibliotheken
bie|gen,
sie biegt, sie bog,
sie hat gebogen
die **Bie|ne**,
die Bienen
das **Bier**, die Biere
bie|ten,
er bietet,
er bot,
er hat geboten

A
B
C
D
E
F
G
H
I
J
K
L
M
N
O
P
Q
R
S
T
U
V
W
X
Y
Z

das **Bild**, die Bilder
der **Bild**|**schirm**,
   die Bildschirme
   bil|**lig**, billiger,
   am billigsten
ich **bin**
   bin|**den**,
   sie bindet, sie band,
   sie hat gebunden
der **Bind**|**fa**|**den**,
   die Bindfäden
der **Bio**|**müll**
die **Bir**|**ke**,
   die Birken
die **Bir**|**ne**, die Birnen
   bis
der **Biss**, die Bisse
   biss|**chen**
der **Bis**|**sen**,
   die Bissen
du **bist**
   bit|**te**
die **Bit**|**te**, die Bitten
   bit|**ten**,
   er bittet, er bat,
   er hat gebeten
   bit|**ter**, bitterer,
   am bittersten
die **Bla**|**se**, die Blasen
   bla|**sen**,
   sie bläst, sie blies,
   sie hat geblasen

blau/Blau

Kleinschreibung
mein T-Shirt ist blau
mein blaues T-Shirt
blau kariert
blau gestreift
dunkelblau
hellblau
himmelblau

Großschreibung
das Blau des Himmels
ein tiefes Blau

   blass, blasser,
   am blassesten
   (auch: blässer,
   am blässesten)
das **Blatt**,
   die Blätter
   blau,
   blauer,
   am blausten
   blei|**ben**,
   er bleibt, er blieb,
   er ist geblieben
der **Blick**, die Blicke
   bli|**cken**,
   sie blickt, sie blickte,
   sie hat geblickt

blind
der **Blin|de**,
die Blinden
blin|ken,
es blinkt, es blinkte,
es hat geblinkt
blin|zeln,
er blinzelt, er blinzelte,
er hat geblinzelt
der **Blitz**,
die Blitze
blit|zen,
es blitzt, es blitzte,
es hat geblitzt
blitz|schnell
der **Block**,
die Blöcke
blöd, blöder,
am blödesten
bloß
blü|hen,
es blüht, es blühte,
es hat geblüht
die **Blu|me**,
die Blumen
der **Blu|men|kohl**
das **Blut**
die **Blü|te**, die Blüten
blu|tig,
blutiger,
am blutigsten
der **Bo|den**, die Böden

der **Bo|den|see**
der **Bo|gen**, die Bögen
die **Boh|ne**, die Bohnen
boh|ren,
sie bohrt, sie bohrte,
sie hat gebohrt
der **Boh|rer**, die Bohrer
der **Bon** (Gutschein,
Kassenzettel),
die Bons
der (das) **Bon|bon**,
die Bonbons
das **Boot**, die Boote
der **Bord|stein**,
die Bordsteine
bö|se,
böser, am bösesten
Bos|ni|en-
Her|ze|go|wi|na
die **Bot|schaft**,
die Botschaften
bo|xen,
er boxt,
er boxte,
er hat geboxt
der **Bo|xer**,
die Boxer
die **Bo|xe|rin**,
die Boxerinnen
der **Brand**,
die Brände
Bran|den|burg

bra|ten,
sie brät, sie briet,
sie hat gebraten
der Bra|ten, die Braten
brau|chen,
er braucht,
er brauchte,
er hat gebraucht
braun, ❗
brauner,
am braunsten
die Brau|se,
die Brausen
brau|sen,
sie braust, sie brauste,
sie hat gebraust

❗

braun/Braun

Kleinschreibung
meine Hose ist braun
meine braune Hose
braun kariert
braun gestreift
dunkelbraun
hellbraun
kastanienbraun

Großschreibung
das Braun der
Kastanie
ein helles Braun

die Braut, die Bräute
der Bräu|ti|gam,
die Bräutigame
das Braut|paar,
die Brautpaare
brav,
braver, am bravsten
bre|chen,
es bricht, es brach,
es ist gebrochen
der Brei,
die Breie
breit,
breiter, am breitesten
Bre|men
die Brem|se,
die Bremsen
brem|sen,
er bremst,
er bremste,
er hat gebremst
bren|nen,
es brennt,
es brannte,
es hat gebrannt
bren|nend
die Brenn|nes|sel,
die Brennnesseln
der Brenn|stoff,
die Brennstoffe
das Brett, die Bretter
die Bre|zel, die Brezeln

Br

Bu

der **Brief**, die Briefe

die **Bril|le**,
die Brillen

brin|gen,
sie bringt,
sie brachte,
sie hat gebracht

die **Brom|bee|re**,
die Brombeeren

das **Brot**, die Brote

das **Bröt|chen**,
die Brötchen

der **Bruch**, die Brüche

die **Brü|cke**,
die Brücken

der **Bru|der**, die Brüder

die **Brü|he**, die Brühen

brü|hen,
er brüht, er brühte,
er hat gebrüht

brül|len,
sie brüllt, sie brüllte,
sie hat gebrüllt

brum|men,
er brummt,
er brummte,
er hat gebrummt

der **Brun|nen**,
die Brunnen

die **Brust**, die Brüste

der **Bub**, die Buben

das **Buch**, die Bücher

die **Bu|che** (Baum),
die Buchen

die **Buch|ecker**,
die Bucheckern

die **Bü|che|rei**,
die Büchereien

der **Bü|cher|wurm**,
die Bücherwürmer

der **Buch|fink** (Vogel),
die Buchfinken

die **Büch|se**, die Büchsen

der **Buch|sta|be**,
die Buchstaben

sich **bü|cken**,
sie bückt sich,
sie bückte sich,
sie hat sich gebückt

bud|deln,
er buddelt,
er buddelte,
er hat gebuddelt

die **Bu|de**, die Buden

der **Büf|fel**, die Büffel

der **Bü|gel**, die Bügel

die **Büh|ne**, die Bühnen

Bul|ga|ri|en

bum|meln,
sie bummelt,
sie bummelte,
sie hat gebummelt
(auch: sie ist
gebummelt)

die **Bun|des|li|ga**,
die Bundesligen

bunt,
bunter,
am buntesten

die **Burg**, die Burgen

der **Bür|ger**,
die Bürger

die **Bür|ge|rin**,
die Bürgerinnen

der **Bür|ger|meis|ter**,
die Bürgermeister

die **Bür|ger|meis|te|rin**,
die Bürgermeisterinnen

das **Bü|ro**, die Büros

die **Bü|ro|klam|mer**,
die Büroklammern

die **Bürs|te**,
die Bürsten

der **Bus**, die Busse

der **Busch**, die Büsche

bu|schig,
buschiger,
am buschigsten

der **Bus|sard**
(Raubvogel),
die Bussarde

die **But|ter**

C

das **Ca|brio**
(auch: Cab|rio),
die Cabrios

das **Ca|fé**, die Cafés

das **Cam|ping**

der **Cam|ping|platz**,
die Campingplätze

die **CD**,
die CDs

der **CD-Play|er**
(auch: CD-Pla|yer),
die CD-Player

die **CD-ROM**,
die CD-ROMs

der **Cent** [ct],
die Cent(s)

das **Cha|mä|le|on**
(Echse),
die Chamäleons

der **Cham|pi|gnon**
(auch: Cham|pig|non),
die Champignons

die **Chan|ce**, die Chancen

das **Cha|os**

cha|o|tisch,
chaotischer,
am chaotischsten

chat|ten,
er chattet, er chattete,
er hat gechattet

der **Chef**, die Chefs
die **Che|fin**,
    die Chefinnen
der **Chiem|see**
    Chi|na
der **Chip**, die Chips
der **Chor**, die Chöre
der **Christ**, die Christen
der **Christ|baum**,
    die Christbäume
das **Christ|kind**
    cir|ca [ca.]
    = zirka
der **Cir|cus**,
    die Circusse
    = Zirkus
die **Ci|ty**,
    die Citys
    cle|ver (klug),
    cleverer,
    am cleversten
der **Clown**,
    die Clowns
    cm (Abkürzung für:
    Zentimeter)
das **Cock|pit**,
    die Cockpits
die (das) **Co|la**,
    die Colas
der **Co|mic**, die Comics
der **Com|pu|ter**,
    die Computer

    cool,
    cooler,
    am coolsten
die **Corn|flakes**
die **Couch**, die Couchs
    (auch: die Couchen)
der **Cou|sin**,
    die Cousins
die **Cou|si|ne**,
    die Cousinen
    = Kusine
das **Co|ver**,
    die Cover
der **Cow|boy**,
    die Cowboys
die **Creme**,
    die Cremes
    = Crème
die **Crème**,
    die Crèmes
    = Creme
das **Crois|sant**
    (Blätterteighörnchen),
    die Croissants
der **Cur|sor**,
    die Cursor
    (auch: die Cursors)

D

da
da|bei
das **Dach**,
   die Dächer
der **Dach|de|cker**,
   die Dachdecker
die **Dach|de|cke|rin**,
   die Dachdeckerinnen
der **Dachs**, die Dachse
der **Da|ckel**, die Dackel
da|durch
da|für
da|ge|gen
da|hin
da|mals
die **Da|me**, die Damen
da|mit
däm|lich,
   dämlicher,
   am dämlichsten
der **Damm**, die Dämme
die **Däm|me|rung**,
   die Dämmerungen
der **Dampf**, die Dämpfe
damp|fen,
   es dampft,
   es dampfte,
   es hat gedampft
der **Damp|fer**, die Dampfer
da|nach

---

das/dass

das (Artikel, Begleiter)
Ich treffe das Kind.
Du gehst in das Haus.
Ich glaube das (auch:
dies) nicht.
Er nimmt das Rad,
das (auch: welches)
dort steht.

dass (Bindewort)
Ich glaube, dass es
regnen wird.
Ich glaube, dass du
krank wirst.

---

da|ne|ben
Dä|ne|mark
der **Dank**
dank|bar,
   dankbarer,
   am dankbarsten
dan|ken,
   er dankt, er dankte,
   er hat gedankt
dann
dar|an
(auch: da|ran)
dar|auf
(auch: da|rauf)

dar|aus
(auch: da|raus)
dar|in
(auch: da|rin)
dar|ü|ber
(auch: da|rü|ber)
dar|um
(auch: da|rum)
dar|un|ter
(auch: da|run|ter)
das 🛈
dass 🛈
die **Da|tei**, die Dateien
das **Da|tum**, die Daten
dau|ern,
es dauert, es dauerte,
es hat gedauert
da|von
da|zu
da|zwi|schen
die **De|cke**, die Decken
de|cken,
sie deckt,
sie deckte,
sie hat gedeckt
deh|nen,
er dehnt,
er dehnte,
er hat gedehnt
der **Deich**, die Deiche
dein
dei|ne

dei|nem
dei|nen
dei|ner
dei|nes
der **Del|fin**, die Delfine
= Delphin
der **Del|phin**,
die Delphine
= Delfin
dem
den
de|nen
den|ken,
sie denkt, sie dachte,
sie hat gedacht
das **Denk|mal**,
die Denkmäler
(auch: die Denkmale)
denn
der
des
des|halb
des|sen
der **De|tek|tiv**,
die Detektive
die **De|tek|ti|vin**,
die Detektivinnen
deut|lich, deutlicher,
am deutlichsten
deutsch
das **Deutsch**
Deutsch|land

der **De|zem|ber**

der **De|zi|me|ter** [dm],
    die Dezimeter

das **Dia|gramm**,
    die Diagramme

der **Dia|lekt**, die Dialekte

    dich

    dicht,
    dichter,
    am dichtesten

    dich|ten,
    er dichtet,
    er dichtete,
    er hat gedichtet

der **Dich|ter**, die Dichter

die **Dich|te|rin**,
    die Dichterinnen

    dick,
    dicker, am dicksten

    die

der **Dieb**, die Diebe

!

Dienstag/dienstags

Großschreibung
der Dienstag
am Dienstag
am Dienstagmorgen

Kleinschreibung
dienstags
dienstagabends

---

    die|nen,
    es dient,
    es diente,
    es hat gedient

der **Diens|tag**, **!**
    die Dienstage

    diens|tags **!**

    dies

    die|se

    die|sem

    die|sen

    die|ser

    die|ses

die **Dif|fe|renz**,
    die Differenzen

die **Di|gi|tal|ka|me|ra**,
    die Digitalkameras

das **Dik|tat**,
    die Diktate

    dik|tie|ren,
    sie diktiert,
    sie diktierte,
    sie hat diktiert

das **Ding**, die Dinge

der **Di|no|sau|ri|er**,
    die Dinosaurier

    dir

    di|rekt

der **Di|rek|tor**,
    die Direktoren

die **Di|rek|to|rin**,
    die Direktorinnen

der **Di|ri|gent**,
die Dirigenten

die **Di|ri|gen|tin**,
die Dirigentinnen

die **Dis|kus|si|on**,
die Diskussionen

dis|ku|tie|ren,
er diskutiert,
er diskutierte,
er hat diskutiert

das **Dis|play**,
die Displays

di|vi|die|ren,
sie dividiert,
sie dividierte,
sie hat dividiert

die **Di|vi|si|on**,
die Divisionen

dm (Abkürzung für:
Dezimeter)

doch

der **Docht**,
die Dochte

der **Dok|tor**,
die Doktoren

die **Dok|to|rin**,
die Doktorinnen

der **Dom**, die Dome

der **Domp|teur**
(Tierbändiger),
die Dompteure

die **Do|nau** (Fluss)

der **Don|ner**,
die Donner

don|nern,
es donnert,
es donnerte,
es hat gedonnert

der **Don|ners|tag**, ❗
die Donnerstage

don|ners|tags ❗

doof,
doofer,
am doofsten

dop|pelt

das **Dorf**,
die Dörfer

der **Dorn**,
die Dornen

dort

die **Do|se**, die Dosen

❗

**Donnerstag/
donnerstags**

Großschreibung
der Donnerstag
am Donnerstag
am Donnerstag-
morgen

Kleinschreibung
donnerstags
donnerstagabends

der **Dra|che** (Tier),
die Drachen

der **Dra|chen**
(Spielzeug),
die Drachen

der **Draht**, die Drähte

drän|geln,
er drängelt,
er drängelte,
er hat gedrängelt

drän|gen, sie drängt,
sie drängte,
sie hat gedrängt

drau|ßen

der **Dreck**

> **!**
>
> **drei/Drei**
>
> **Kleinschreibung**
> drei Jahre alt
> es ist halb drei
> drei mal vier
>
> der dreijährige Junge
> der 3-jährige Junge
> dreimal
> 3-mal
>
> **Großschreibung**
> die Zahl Drei
> eine Drei schreiben
> eine Drei im Zeugnis

dre|ckig,
dreckiger,
am dreckigsten

das **Dreh|buch**,
die Drehbücher

dre|hen,
er dreht, er drehte,
er hat gedreht

drei **!**

das **Drei|eck**, die Dreiecke

drei|mal

drei|ßig

die **Drei|vier|tel|stun|de**,
die Dreiviertelstunden

drei|zehn

dre|schen,
sie drischt, sie drosch,
sie hat gedroschen

Dres|den
(Landeshauptstadt
von Sachsen)

drin|gend,
dringender,
am dringendsten

drin|nen

drit|tens

dro|hen,
er droht, er drohte,
er hat gedroht

dröh|nen,
es dröhnt, es dröhnte,
es hat gedröhnt

die **Dro|hung,**
die Drohungen
das **Dro|me|dar,**
die Dromedare
drü|ben
drü|ber
der **Druck,** die Drucke
dru|cken,
sie druckt,
sie druckte,
sie hat gedruckt
drü|cken,
er drückt, er drückte,
er hat gedrückt
der **Dru|cker,** die Drucker
drun|ter
der **Dschun|gel,**
die Dschungel
du
dumm,
dümmer, am dümmsten
die **Dumm|heit,**
die Dummheiten
dun|kel,
dunkler, am dunkelsten
dun|kel|grün
die **Dun|kel|heit**
dünn,
dünner, am dünnsten
durch
durch|ein|an|der
(auch: durch|ei|nan|der)

das **Durch|ein|an|der**
(auch: Durch|ei|nan|der)
der **Durch|gang,**
die Durchgänge
der **Durch|mes|ser,**
die Durchmesser
der **Durch|schnitt,**
die Durchschnitte
durch|schnitt|lich
durch|sich|tig
dür|fen,
sie darf, sie durfte,
sie hat gedurft
dürr,
dürrer, am dürrsten
der **Durst**
durs|tig, durstiger,
am durstigsten
die **Du|sche,** die Duschen
du|schen,
er duscht, er duschte,
er hat geduscht
die **Dü|se,** die Düsen
Düs|sel|dorf
(Landeshauptstadt
von Nordrhein-
Westfalen)
die **DVD,** die DVDs
der **DVD-Play|er**
(auch: DVD-Pla|yer),
die DVD-Player
der **Dy|na|mo,** die Dynamos

A
B
C
D
E
F
G
H
I
J
K
L
M
N
O
P
Q
R
S
T
U
V
W
X
Y
Z

E

die **Eb|be**, die Ebben
eben
eben|so
das **Echo**, die Echos
echt
die **Ecke**, die Ecken
eckig
der **Eck|zahn**,
die Eckzähne
edel, edler,
am edelsten
der **Ef|fekt**,
die Effekte
ehe
die **Ehe**, die Ehen
das **Ehe|paar**,
die Ehepaare
die **Eh|re**
ehr|gei|zig,
ehrgeiziger,
am ehrgeizigsten
ehr|lich,
ehrlicher,
am ehrlichsten
die **Ehr|lich|keit**
das **Ei**, die Eier
die **Ei|che**, die Eichen
die **Ei|chel**, die Eicheln
das **Eich|hörn|chen**,
die Eichhörnchen

die **Ei|dech|se**,
die Eidechsen
eif|rig,
eifriger,
am eifrigsten
die **Ei|gen|schaft**,
die Eigenschaften
ei|gent|lich
ei|len,
sie eilt, sie eilte,
sie ist geeilt
ei|lig,
eiliger, am eiligsten
der **Ei|mer**, die Eimer
ein
ein|an|der
(auch: ei|nan|der)
die **Ein|bahn|stra|ße**,
die Einbahnstraßen
der **Ein|bre|cher**,
die Einbrecher
die **Ein|bre|che|rin**,
die Einbrecherinnen
ein|cre|men,
sie cremt ein,
sie cremte ein,
sie hat eingecremt
ei|ne
ei|nem
ei|nen
ei|ner
der **Ei|ner**, die Einer

ei|nes
ein|fach,
einfacher,
am einfachsten
die **Ein|fahrt**,
die Einfahrten
der **Ein|fall**, die Einfälle
ein|fär|ben,
er färbt ein,
er färbte ein,
er hat eingefärbt
ein|gie|ßen,
sie gießt ein,
sie goss ein,
sie hat eingegossen
ei|ni|ge
sich **ei|ni|gen**,
er einigt sich,
er einigte sich,
er hat sich geeinigt
ein|kau|fen,
sie kauft ein,
sie kaufte ein,
sie hat eingekauft
ein|la|den,
er lädt ein, er lud ein,
er hat eingeladen
die **Ein|la|dung**,
die Einladungen
die **Ein|lei|tung**,
die Einleitungen
ein|mal

ein|pa|cken,
sie packt ein,
sie packte ein,
sie hat eingepackt
eins
der **Ein|satz**,
die Einsätze
ein|schließ|lich
der **Ein|sturz**,
die Einstürze
ein|stür|zen,
es stürzt ein,
es stürzte ein,
es ist eingestürzt

---

eins/Eins

Kleinschreibung
ein Jahr alt
es ist halb eins
ein mal vier

der einjährige Junge
der 1-jährige Junge
einmal
1-mal

Großschreibung
die Zahl Eins
eine Eins schreiben
eine Eins im Zeugnis
viele Einsen

A
B
C
D
E
F
G
H
I
J
K
L
M
N
O
P
Q
R
S
T
U
V
W
X
Y
Z

ein|ver|stan|den
der **Ein|woh|ner**,
die Einwohner
die **Ein|woh|ne|rin**,
die Einwohnerinnen
die **Ein|zahl**
ein|zeln
ein|zel|ne
ein|zi|ge
das **Eis**
der **Eis|bär**, die Eisbären
die **Eis|die|le**, die Eisdielen
das **Ei|sen**
das **Eis|ho|ckey**
das **Ei|weiß**, die Eiweiße
sich **ekeln**,
er ekelt sich,
er ekelte sich,
er hat sich geekelt
die **El|be** (Fluss)
der **Elch**, die Elche
der **Ele|fant**, die Elefanten
der **Elek|tri|ker**
(auch: Elekt|ri|ker),
die Elektriker
elek|trisch
(auch: elekt|risch)
elf ❗
die **El|fe**, die Elfen
die **Els|ter** (Vogel),
die Elstern
die **El|tern**

> ❗
>
> **elf/Elf**
>
> **Kleinschreibung**
> elf Jahre alt
> es ist halb elf
> elf mal vier
>
> der elfjährige Junge
> der 11-jährige Junge
> elfmal
> 11-mal
>
> **Großschreibung**
> die Zahl Elf
> die Elf (Fußball-
> mannschaft)

die (das) **E-Mail**,
die E-Mails
der **Em|bryo**
(auch: Emb|ryo),
die Embryonen
(auch: die Embryos)
der **Emp|fang**,
die Empfänge
emp|fan|gen,
sie empfängt,
sie empfing,
sie hat empfangen
der **Emp|fän|ger**,
die Empfänger

die **Emp|fän|ge|rin**,
  die Empfängerinnen
die **Emp|feh|lung**,
  die Empfehlungen
  emp|fin|den,
  er empfindet,
  er empfand,
  er hat empfunden
  emp|find|lich,
  empfindlicher,
  am empfindlichsten
  em|pört
die **Em|pö|rung**,
  die Empörungen
das **En|de**, die Enden
  en|den,
  es endet, es endete,
  es hat geendet
  end|gül|tig
  end|lich
  end|los
das **End|spiel**, die Endspiele
die **Ener|gie**, die Energien
  eng,
  enger, am engsten
der **En|gel**, die Engel
  eng|lisch
der **En|kel**, die Enkel
die **En|ke|lin**,
  die Enkelinnen
die **Ent|bin|dung**,
  die Entbindungen

ent|de|cken,
  sie entdeckt,
  sie entdeckte,
  sie hat entdeckt
die **En|te**, die Enten
  ent|fa|chen,
  er entfacht,
  er entfachte,
  er hat entfacht
  ent|fer|nen,
  sie entfernt,
  sie entfernte,
  sie hat entfernt
  ent|fernt
die **Ent|fer|nung**,
  die Entfernungen
  ent|füh|ren,
  er entführt,
  er entführte,
  er hat entführt
  ent|ge|gen
  ent|kom|men,
  sie entkommt,
  sie entkam,
  sie ist entkommen
  ent|lang
die **Ent|schä|di|gung**,
  die Entschädigungen
  ent|schei|den,
  er entscheidet,
  er entschied,
  er hat entschieden

ent|schlüs|seln,
sie entschlüsselt,
sie entschlüsselte,
sie hat entschlüsselt
ent|schul|di|gen,
er entschuldigt,
er enschuldigte,
er hat entschuldigt
die **Ent|schul|di|gung,**
die Entschuldigungen
das **Ent|set|zen**
ent|setz|lich,
entsetzlicher,
am entsetzlichsten
ent|sor|gen,
sie entsorgt,
sie entsorgte,
sie hat entsorgt
sich **ent|span|nen,**
er entspannt sich,
er entspannte sich,
er hat sich entspannt
die **Ent|span|nung**
ent|ste|hen,
es entsteht,
es entstand,
es ist entstanden
ent|täu|schen,
sie enttäuscht,
sie enttäuschte,
sie hat enttäuscht
ent|we|der

ent|wi|ckeln,
er entwickelt,
er entwickelte,
er hat entwickelt
die **Ent|wick|lung,**
die Entwicklungen
ent|zif|fern,
sie entziffert,
sie entzifferte,
sie hat entziffert
er
das **Er|be**
er|beu|ten,
er erbeutet,
er erbeutete,
er hat erbeutet
die **Erb|se**, die Erbsen
die **Erd|bahn,**
die Erdbahnen
die **Erd|bee|re,**
die Erdbeeren
die **Er|de**
das **Erd|ge|schoss,**
die Erdgeschosse
sich **er|eig|nen,**
es ereignet sich,
es ereignete sich,
es hat sich ereignet
das **Er|eig|nis**, die Ereignisse
er|eig|nis|reich,
ereignisreicher,
am ereignisreichsten

er|fah|ren,
sie erfährt,
sie erfuhr,
sie hat erfahren
er|fin|den,
er erfindet,
er erfand,
er hat erfunden
die Er|fin|dung,
die Erfindungen
der Er|folg,
die Erfolge
er|folg|reich,
erfolgreicher,
am erfolgreichsten
er|for|schen,
sie erforscht,
sie erforschte,
sie hat erforscht
er|fül|len,
er erfüllt,
er erfüllte,
er hat erfüllt
Er|furt
(Landeshauptstadt
von Thüringen)
er|gän|zen,
er ergänzt,
er ergänzte,
er hat ergänzt
das Er|geb|nis,
die Ergebnisse

sich er|ho|len,
sie erholt sich,
sie erholte sich,
sie hat sich erholt
die Er|ho|lung
sich er|in|nern,
er erinnert sich,
er erinnerte sich,
er hat sich erinnert
die Er|in|ne|rung,
die Erinnerungen
er|käl|tet
die Er|käl|tung,
die Erkältungen
die Er|kennt|nis,
die Erkenntnisse
er|klä|ren,
sie erklärt,
sie erklärte,
sie hat erklärt
er|lau|ben,
er erlaubt,
er erlaubte,
er hat erlaubt
die Er|laub|nis,
die Erlaubnisse
er|le|ben,
sie erlebt, sie erlebte,
sie hat erlebt
das Er|leb|nis,
die Erlebnisse
er|leich|tert

A
B
C
D
E
F
G
H
I
J
K
L
M
N
O
P
Q
R
S
T
U
V
W
X
Y
Z

A
B
C
D
E
F
G
H
I
J
K
L
M
N
O
P
Q
R
S
T
U
V
W
X
Y
Z

er|ler|nen,
er erlernt, er erlernte,
er hat erlernt
er|mah|nen,
sie ermahnt,
sie ermahnte,
sie hat ermahnt
er|näh|ren,
er ernährt, er ernährte,
er hat ernährt
die **Er|näh|rung**
ernst, ernster,
am ernstesten
der **Ernst**
die **Ern|te**, die Ernten
ern|ten,
sie erntet, sie erntete,
sie hat geerntet
er|öff|nen,
er eröffnet, er eröffnete,
er hat eröffnet
die **Er|öff|nung**,
die Eröffnungen
der **Er|pel**
(männliche Ente),
die Erpel
er|reich|bar,
erreichbarer,
am erreichbarsten
er|rei|chen,
er erreicht, er erreichte,
er hat erreicht

> **!**
>
> **erste/Erste**
>
> **Kleinschreibung**
> die erste Klasse
> mein erstes Fahrrad
>
> **Großschreibung**
> als Erste am Ziel
> als Erstes will ich ...
> der Erste des Monats
> Erste Hilfe leisten

er|schei|nen,
sie erscheint,
sie erschien,
sie ist erschienen
er|schöpft
er|schre|cken,
sie erschreckt,
sie erschreckte,
sie hat erschreckt
er|schro|cken
er|spä|hen,
er erspäht, er erspähte,
er hat erspäht
erst
er|staun|lich,
erstaunlicher,
am erstaunlichsten
er|staunt, erstaunter,
am erstauntesten

ers|te 🛈
ers|tens
er|wach|sen
der **Er|wach|se|ne**,
die Erwachsenen
er|war|ten,
sie erwartet,
sie erwartete,
sie hat erwartet
die **Er|war|tung**,
die Erwartungen
er|wi|dern,
er erwidert,
er erwiderte,
er hat erwidert
er|zäh|len,
sie erzählt, sie erzählte,
sie hat erzählt
die **Er|zäh|lung**,
die Erzählungen
der **Er|zie|her**,
die Erzieher
die **Er|zie|he|rin**,
die Erzieherinnen
es
der **Esel**, die Esel
ess|bar
es|sen,
er isst, er aß,
er hat gegessen
das **Es|sen**, die Essen
Est|land

die **Eta|ge**, die Etagen
das **Eti|kett**, die Etiketten
das **Etui**, die Etuis
et|wa
et|was
euch
eu|er
die **Eu|le**, die Eulen
eu|re
der **Eu|ro** [€], die Euros
Eu|ro|pa
eu|ro|pä|isch
evan|ge|lisch
das **Ex|pe|ri|ment**
(Versuch),
die Experimente
ex|pe|ri|men|tie|ren,
sie experimentiert,
sie experimentierte,
sie hat experimentiert
der **Ex|per|te**
(Fachmann),
die Experten
ex|plo|die|ren,
es explodiert,
es explodierte,
es ist explodiert
die **Ex|plo|si|on**,
die Explosionen
ex|tra (auch: ext|ra)
ex|trem (auch: ext|rem)

F

die **Fa**|**bel**,
    die Fabeln
die **Fa**|**brik**
    (auch: Fab|rik),
    die Fabriken
das **Fach**, die Fächer
der **Fa**|**den**,
    die Fäden
die **Fah**|**ne**, die Fahnen
die **Fäh**|**re**, die Fähren
    fah|**ren**, er fährt,
    er fuhr,
    er ist gefahren
    (auch: er hat
    gefahren)
der **Fah**|**rer**, die Fahrer
die **Fah**|**re**|**rin**,
    die Fahrerinnen
der **Fahr**|**plan**,
    die Fahrpläne
das **Fahr**|**rad**,
    die Fahrräder
der **Fahr**|**stuhl**,
    die Fahrstühle
die **Fahrt**, die Fahrten
die **Fähr**|**te**, die Fährten
das **Fahr**|**zeug**,
    die Fahrzeuge
    fair,
    fairer, am fairsten

der **Fal**|**ke** (Raubvogel),
    die Falken
der **Fall**, die Fälle
    fal|**len**,
    sie fällt, sie fiel,
    sie ist gefallen
der **Fall**|**schirm**,
    die Fallschirme
    falsch
die **Fa**|**mi**|**lie**,
    die Familien
    fan|**gen**,
    er fängt, er fing,
    er hat gefangen
die **Fan**|**ta**|**sie**,
    die Fantasien
    = Phantasie
die **Far**|**be**, die Farben
    far|**big**, farbiger,
    am farbigsten
der **Fa**|**sching**,
    die Faschinge
    (auch: die Faschings)
die **Fas**|**nacht**,
    die Fasnachten
    = Fastnacht
das **Fass**, die Fässer
    fas|**sen**,
    sie fasst,
    sie fasste,
    sie hat gefasst
    fast

die **Fast|nacht**,
die Fastnachten
= Fasnacht
die **Faust**,
die Fäuste
der **Fe|bru|ar**
(auch: Feb|ru|ar)
die **Fe|der**,
die Federn
das **Fe|der|mäpp|chen**,
die Federmäppchen
die **Fee**, die Feen
fe|gen,
er fegt, er fegte,
er hat gefegt
feh|len,
sie fehlt, sie fehlte,
sie hat gefehlt
der **Feh|ler**, die Fehler
feh|ler|frei
die **Fei|er**, die Feiern
fei|ern,
er feiert, er feierte,
er hat gefeiert
fei|ge,
feiger, am feigesten
fein,
feiner, am feinsten
der **Feind**, die Feinde
das **Feld**, die Felder
die **Feld|maus**,
die Feldmäuse

das **Fell**, die Felle
das **Fens|ter**, die Fenster
die **Fe|ri|en**
das **Fer|kel**, die Ferkel
fern,
ferner, am fernsten
die **Fern|be|die|nung**,
die Fernbedienungen
fern|se|hen,
sie sieht fern,
sie sah fern,
sie hat ferngesehen
der **Fern|se|her**,
die Fernseher
der **Fern|seh|spot**,
die Fernsehspots
die **Fer|se**, die Fersen
fer|tig
fest,
fester,
am festesten
das **Fest**, die Feste
fest|lich,
festlicher,
am festlichsten
die **Fest|plat|te**
(Teil des Computers),
die Festplatten
fest|stel|len,
er stellt fest,
er stellte fest,
er hat festgestellt

A
B
C
D
E
F
G
H
I
J
K
L
M
N
O
P
Q
R
S
T
U
V
W
X
Y
Z

fett,
fetter, am fettesten
das **Fett**, die Fette
fet|tig, fettiger,
am fettigsten
feucht, feuchter,
am feuchtesten
die **Feuch|tig|keit**
das **Feu|er**, die Feuer
feu|er|rot
feu|er|spei|end
(auch: Feu|er spei|end)
die **Feu|er|wehr**,
die Feuerwehren
die **Fich|te**, die Fichten
das **Fie|ber**
fies,
fieser, am fiesesten
die **Fi|gur**, die Figuren
der **Film**, die Filme
der **Filz|stift**,
die Filzstifte
fin|den,
er findet, er fand,
er hat gefunden
der **Fin|ger**, die Finger
der **Fink** (Vogel),
die Finken
Finn|land
die **Fir|ma**, die Firmen
der **Fisch**, die Fische
der **Fi|scher**, die Fischer

fit, fitter, am fittesten
fix, fixer, am fixesten
flach,
flacher, am flachsten
die **Flä|che**,
die Flächen
die **Flag|ge**, die Flaggen
der **Fla|min|go** (Vogel),
die Flamingos
die **Flam|me**,
die Flammen
die **Fla|sche**,
die Flaschen
flat|tern,
er flattert, er flatterte,
er ist geflattert
der **Fleck**, die Flecken
fle|ckig,
fleckiger,
am fleckigsten
die **Fle|der|maus**,
die Fledermäuse
das **Fleisch**
der **Fleiß**
flei|ßig,
fleißiger,
am fleißigsten
fli|cken,
sie flickt, sie flickte,
sie hat geflickt
die **Flie|ge**,
die Fliegen

flie|gen,
er fliegt, er flog,
er ist geflogen
flie|hen,
sie flieht, sie floh,
sie ist geflohen
das **Flieβ|band,**
die Flieβbänder
flie|**βen,**
es flieβt, es floss,
es ist geflossen
flink, flinker,
am flinkesten
flit|zen,
er flitzt, er flitzte,
er ist geflitzt
die **Flo|cke,** die Flocken
flo|ckig, flockiger,
am flockigsten
der **Floh,** die Flöhe
der **Floh|markt,**
die Flohmärkte
die **Flö|te,** die Flöten
flucht|ar|tig
flüch|ten,
sie flüchtet,
sie flüchtete,
sie ist geflüchtet
der **Flug,** die Flüge
der **Flü|gel,** die Flügel
der **Flug|zet|tel,**
die Flugzettel

das **Flug|zeug,**
die Flugzeuge
der **Flur,** die Flure
der **Fluss,**
die Flüsse
flüs|sig,
flüssiger,
am flüssigsten
die **Flüs|sig|keit,**
die Flüssigkeiten
das **Fluss|pferd,**
die Flusspferde
flüs|tern,
er flüstert,
er flüsterte,
er hat geflüstert
die **Flut,** die Fluten
fol|gen,
sie folgt,
sie folgte,
sie ist gefolgt
die **Form,** die Formen
das **For|mat,**
die Formate
for|ma|tie|ren,
sie formatiert,
sie formatierte,
sie hat formatiert
for|men,
er formt,
er formte,
er hat geformt

der **Förs|ter**, die Förster
die **Förs|te|rin**,
      die Försterinnen
      fort
das **Fo|to**, die Fotos
      fo|to|gra|fie|ren,
      er fotografiert,
      er fotografierte,
      er hat fotografiert
die **Fo|to|ko|pie**,
      die Fotokopien
      fo|to|ko|pie|ren,
      sie fotokopiert,
      sie fotokopierte,
      sie hat fotokopiert
die **Fra|ge**, die Fragen
      fra|gen,
      er fragt,
      er fragte,
      er hat gefragt
      Frank|reich

die **Frau**, die Frauen
      frech,
      frecher,
      am frechsten
      frei,
      freier, am freiesten
im **Frei|en**
die **Frei|heit**,
      die Freiheiten
der **Frei|tag**, ❶
      die Freitage
      frei|tags ❶
die **Frei|zeit**
      fremd, fremder,
      am fremdesten
der **Frem|de**,
      die Fremden
die **Frem|de**,
      die Fremden
      fres|sen,
      sie frisst,
      sie fraß,
      sie hat gefressen
die **Freu|de**, die Freuden
sich **freu|en**,
      er freut sich,
      er freute sich,
      er hat sich gefreut
der **Freund**,
      die Freunde
die **Freun|din**,
      die Freundinnen

❗

Freitag/freitags

Großschreibung
der Freitag
am Freitag
am Freitagmorgen

Kleinschreibung
freitags
freitagabends

---

freund|lich,
freundlicher,
am freundlichsten
freund|li|cher|wei|se
die **Freund|schaft**,
die Freundschaften
der **Frie|den**
(auch: Frie|de),
die Frieden
fried|lich,
friedlicher,
am friedlichsten
frie|ren,
sie friert, sie fror,
sie hat gefroren
frisch, frischer,
am frischesten
der **Fri|seur**, die Friseure
= Frisör
die **Fri|seu|rin**,
die Friseurinnen
= Frisörin
der **Fri|sör**, die Frisöre
= Friseur
die **Fri|sö|rin**,
die Frisörinnen
= Friseurin
froh, froher,
am frohesten
fröh|lich,
fröhlicher,
am fröhlichsten

die **Fröh|lich|keit**
der **Front|re|flek|tor**
(Teil des Fahrrads),
die Frontreflektoren
der **Frosch**,
die Frösche
der **Frost**, die Fröste
die **Frucht**, die Früchte
frucht|bar,
fruchtbarer,
am fruchtbarsten
früh,
früher,
am frühesten
der **Früh|blü|her**,
die Frühblüher
frü|her
der **Früh|ling**,
die Frühlinge
das **Früh|stück**,
die Frühstücke
früh|stü|cken,
er frühstückt,
er frühstückte,
er hat gefrühstückt
der **Frust**
der **Fuchs**, die Füchse
füh|len,
sie fühlt,
sie fühlte,
sie hat gefühlt
der **Füh|ler**, die Fühler

füh|ren,
sie führt, sie führte,
sie hat geführt

die **Füh|rung,**
die Führungen

die **Ful|da** (Fluss)

fül|len,
sie füllt, sie füllte,
sie hat gefüllt

der **Fül|ler,** die Füller

der **Fund,** die Funde

das **Fund|bü|ro,**
die Fundbüros

fünf ❶

fünf|mal

fünf|zig

der **Funk**

fun|keln,
es funkelt,
es funkelte,
es hat gefunkelt

die **Funk|ti|on,**
die Funktionen

funk|ti|o|nie|ren,
es funktioniert,
es funktionierte,
es hat funktioniert

für

die **Furcht**

furcht|bar,
furchtbarer,
am furchtbarsten

fürch|ten,
er fürchtet,
er fürchtete,
er hat gefürchtet

das **Für|wort,**
die Fürwörter

der **Fuß,** die Füße

der **Fuß|ball,**
die Fußbälle

das **Fut|ter**

füt|tern,
sie füttert,
sie fütterte,
sie hat gefüttert

---

fünf/Fünf

Kleinschreibung
fünf Jahre alt
es ist halb fünf
fünf mal vier

der fünfjährige Junge
der 5-jährige Junge
fünfmal
5-mal

Großschreibung
die Zahl Fünf
eine Fünf schreiben
eine Fünf im Zeugnis

G

g (Abkürzung für: Gramm)

die **Ga|bel**, die Gabeln

die **Ga|la|xie**, die Galaxien

der **Gang**, die Gänge

die **Gang|schal|tung**, die Gangschaltungen

die **Gans**, die Gänse

das **Gän|se|blüm|chen**, die Gänseblümchen

die **Gän|se|haut**

ganz, ganze

gar

die **Ga|ra|ge**, die Garagen

die **Gar|di|ne**, die Gardinen

gar kein

gar nicht

der **Gar|ten**, die Gärten

der **Gärt|ner**, die Gärtner

die **Gärt|ne|rin**, die Gärtnerinnen

das **Gas**, die Gase

die **Gas|se**, die Gassen

der **Gast**, die Gäste

das **Ge|bäck**, die Gebäcke

das **Ge|bäu|de**, die Gebäude

ge|ben, er gibt, er gab, er hat gegeben

das **Ge|biet**, die Gebiete

ge|bo|ren, sie ist geboren, sie wurde geboren

die **Ge|bühr**, die Gebühren

die **Ge|burt**, die Geburten

der **Ge|burts|tag**, die Geburtstage

die **Ge|burts|tags|fei|er**, die Geburtstagsfeiern

das **Ge|büsch**, die Gebüsche

das **Ge|dächt|nis**, die Gedächtnisse

der **Ge|dan|ke**, die Gedanken

das **Ge|dicht**, die Gedichte

die **Ge|duld**

die **Ge|fahr**, die Gefahren
ge|fähr|lich,
gefährlicher,
am gefährlichsten
ge|fal|len,
es gefällt,
es gefiel,
es hat gefallen
ge|fan|gen
die **Ge|fan|gen|schaft**,
die Gefangenschaften
das **Ge|fie|der**,
die Gefieder
ge|frä|ßig,
gefräßiger,
am gefräßigsten
das **Ge|fühl**, die Gefühle
ge|gen
die **Ge|gend**,
die Gegenden
ge|gen|ein|an|der
(auch:
ge|gen|ei|nan|der)
ge|gen|sei|tig
der **Ge|gen|stand**,
die Gegenstände
ge|gen|über
die **Ge|gen|wart**
der **Geg|ner**, die Gegner
das **Ge|häu|se**,
die Gehäuse
das **Ge|he|ge**, die Gehege

!

gelb/Gelb

Kleinschreibung
mein Pulli ist gelb
mein gelber Pulli
gelb kariert
gelb gestreift
hellgelb
sonnengelb

Großschreibung
das Gelb der Sonne
ein strahlendes Gelb
die Ampel steht auf
Gelb
das Gelbe vom Ei

---

ge|heim
das **Ge|heim|nis**,
die Geheimnisse
ge|heim|nis|voll,
geheimnisvoller,
am geheimnisvollsten
ge|hen,
er geht, er ging,
er ist gegangen
ge|hö|ren,
es gehört,
es gehörte,
es hat gehört
die **Gei|ge**, die Geigen

der **Geist**, die Geister

der **Geiz**

    gei|zig,

    geiziger, am geizigsten

    ge|lähmt

das **Ge|län|de**,

    die Gelände

das **Ge|län|der**,

    die Geländer

    gelb, ❗

    gelber, am gelbsten

das **Geld**, die Gelder

der **Geld|beu|tel**,

    die Geldbeutel

die **Ge|le|gen|heit**,

    die Gelegenheiten

das **Ge|lenk**, die Gelenke

    ge|lin|gen,

    es gelingt,

    es gelang,

    es ist gelungen

    gel|ten,

    es gilt, es galt,

    es hat gegolten

das **Ge|mäl|de**,

    die Gemälde

    ge|mein, gemeiner,

    am gemeinsten

die **Ge|mein|de**,

    die Gemeinden

    ge|mein|sam

das **Ge|mü|se**, die Gemüse

    ge|müt|lich,

    gemütlicher,

    am gemütlichsten

die **Ge|müt|lich|keit**

    ge|nau,

    genauer,

    am genausten

    ge|nie|ßen,

    sie genießt,

    sie genoss,

    sie hat genossen

    ge|nug

der **Ge|nuss**, die Genüsse

    ge|pan|zert

    ge|ra|de

    ge|ra|de|aus

das **Ge|rät**, die Geräte

das **Ge|räusch**,

    die Geräusche

    ge|recht, gerechter,

    am gerechtesten

    ge|reizt

    gern, gerne

die **Gers|te** (Getreide)

der **Ge|ruch**,

    die Gerüche

das **Ge|rüm|pel**

    ge|samt

der **Ge|sang**,

    die Gesänge

das **Ge|schäft**,

    die Geschäfte

A
B
C
D
E
F
G
H
I
J
K
L
M
N
O
P
Q
R
S
T
U
V
W
X
Y
Z

ge|sche|hen,
es geschieht,
es geschah,
es ist geschehen
ge|scheit,
gescheiter,
am gescheitesten
das Ge|schenk,
die Geschenke
die Ge|schich|te,
die Geschichten
ge|schickt,
geschickter,
am geschicktesten
ge|schie|den
das Ge|schirr,
die Geschirre
ge|schwind,
geschwinder,
am geschwindesten
die Ge|schwis|ter
das Ge|setz, die Gesetze
das Ge|sicht,
die Gesichter
das Ge|spenst,
die Gespenster
ge|stal|ten,
er gestaltet,
er gestaltete,
er hat gestaltet
die Ge|stal|tung,
die Gestaltungen

das Ge|ständ|nis,
die Geständnisse
ges|tern
ge|streift
ge|sund, gesünder,
am gesündesten
die Ge|sund|heit
das Ge|tränk,
die Getränke
das Ge|trei|de
das Ge|wächs,
die Gewächse
die Ge|walt
ge|wal|tig,
gewaltiger,
am gewaltigsten
das Ge|wäs|ser,
die Gewässer
das Ge|weih, die Geweihe
das Ge|wicht,
die Gewichte
ge|win|nen,
sie gewinnt,
sie gewann,
sie hat gewonnen
das Ge|wis|sen,
die Gewissen
das Ge|wit|ter, die Gewitter
sich ge|wöh|nen,
er gewöhnt sich,
er gewöhnte sich,
er hat sich gewöhnt

die **Ge|wohn|heit**,
  die Gewohnheiten
  ge|wöhn|lich,
  gewöhnlicher,
  am gewöhnlichsten
  gie|ßen,
  sie gießt, sie goss,
  sie hat gegossen
das **Gift**, die Gifte
  gif|tig, giftiger,
  am giftigsten
der **Gip|fel**, die Gipfel
die **Gi|raf|fe**,
  die Giraffen
die **Gi|tar|re**, die Gitarren
das **Git|ter**, die Gitter
der **Glanz**
  glän|zen, es glänzt,
  es glänzte,
  es hat geglänzt
  glän|zend
das **Glas**, die Gläser
  glä|sern
  glas|klar
  glatt, glatter,
  am glattesten
  glau|ben, er glaubt,
  er glaubte,
  er hat geglaubt
  gläu|big
  gleich
  gleich|auf

gleich|gül|tig
das **Gleis**,
  die Gleise
der **Glet|scher**,
  die Gletscher
  glit|zern, es glitzert,
  es glitzerte,
  es hat geglitzert
das **Glöck|chen**,
  die Glöckchen
die **Glo|cke**, die Glocken
das **Glück**
  glück|lich,
  glücklicher,
  am glücklichsten
  gluck|sen,
  sie gluckst,
  sie gluckste,
  sie hat gegluckst
der **Glück|wunsch**,
  die Glückwünsche
  glü|hen, es glüht,
  es glühte,
  es hat geglüht
das **Gold**
  gol|den
der **Gold|fisch**,
  die Goldfische
der **Go|ril|la**,
  die Gorillas
der **Gott**, die Götter
das **Grab**, die Gräber

A
B
C
D
E
F
G
H
I
J
K
L
M
N
O
P
Q
R
S
T
U
V
W
X
Y
Z

gra|ben,
er gräbt, er grub,
er hat gegraben
der **Gra|ben**, die Gräben
das **Grad**, die Grade
das **Gramm** [g],
die Gramme
das **Gras**, die Gräser
der **Gras|hüp|fer**,
die Grashüpfer
gräss|lich,
grässlicher,
am grässlichsten
gra|tu|lie|ren,
sie gratuliert,
sie gratulierte,
sie hat gratuliert

> ❗ **grau/Grau**
>
> **Kleinschreibung**
> meine Hose ist grau
> meine graue Hose
> grau kariert
> grau gestreift
> grauhaarig
> hellgrau
> mausgrau
>
> **Großschreibung**
> das Grau des Steines
> ein helles Grau

grau, ❗
grauer, am grausten
das **Grau|en**
gräu|lich
grau|sam,
grausamer,
am grausamsten
grei|fen,
er greift, er griff,
er hat gegriffen
die **Gren|ze**,
die Grenzen
Grie|chen|land
der **Grieß**
der **Griff**, die Griffe
der **Grif|fel**, die Griffel
der **Grill**, die Grills
die **Gril|le** (Insekt),
die Grillen
gril|len,
sie grillt, sie grillte,
sie hat gegrillt
grim|mig,
grimmiger,
am grimmigsten
Grön|land
der **Grön|land|wal**,
die Grönlandwale
groß,
größer, am größten
Groß|bri|tan|ni|en
die **Grö|ße**, die Größen

die **Groß|el|tern**

die **Groß|mut|ter**,
die Großmütter

der **Groß|va|ter**,
die Großväter

die **Gru|be**, die Gruben

die **Gruft**, die Grüfte

grün, ❗
grüner, am grünsten

der **Grund**, die Gründe

gründ|lich,
gründlicher,
am gründlichsten

die **Grund|schu|le**,
die Grundschulen

---

grün/Grün ❗

Kleinschreibung
meine Jacke ist grün
meine grüne Jacke
grün kariert
grün gestreift
dunkelgrün
hellgrün
apfelgrün

Großschreibung
das Grün des Waldes
ein leuchtendes Grün
die Ampel steht auf
Grün

---

die **Grup|pe**, die Gruppen

gru|se|lig
gruseliger,
am gruseligsten

sich **gru|seln**,
er gruselt sich,
er gruselte sich,
er hat sich gegruselt

der **Gruß**, die Grüße

grü|ßen,
sie grüßt, sie grüßte,
sie hat gegrüßt

gu|cken,
er guckt, er guckte,
er hat geguckt

der (das) **Gully**, die Gullys

gül|tig

das (der) **Gum|mi**

der **Gum|mi|stie|fel**,
die Gummistiefel

güns|tig,
günstiger,
am günstigsten

die **Gur|ke**, die Gurken

der **Gurt**, die Gurte

der **Gür|tel**, die Gürtel

gut,
besser, am besten

das **Gu|te**, alles Gute

das **Gym|na|si|um**,
die Gymnasien

A
B
C
D
E
F
G
H
I
J
K
L
M
N
O
P
Q
R
S
T
U
V
W
X
Y
Z

H

das **Haar**, die Haare

　　ha|ben,

　　sie hat,

　　sie hatte,

　　sie hat gehabt

der **Ha|bicht** (Vogel),

　　die Habichte

der **Ha|fer** (Getreide)

der **Ha|gel**

der **Hahn**,

　　die Hähne

der **Hai**, die Haie

der **Ha|ken**,

　　die Haken

　　halb, halbe

die **Hälf|te**,

　　die Hälften

die **Hal|le**, die Hallen

　　hal|lo

das **Hal|lo|ween**

　　(31. Oktober),

　　die Halloweens

der **Halm**,

　　die Halme

der **Hals**,

　　die Hälse

　　hal|ten,

　　er hält, er hielt,

　　er hat gehalten

　　Ham|burg

der **Ham|mel**

　　(männliches Schaf),

　　die Hammel

der **Ham|mer**, die Hämmer

　　ham|peln,

　　sie hampelt,

　　sie hampelte,

　　sie hat gehampelt

der **Hams|ter**,

　　die Hamster

die **Hand**,

　　die Hände

　　han|deln,

　　er handelt,

　　er handelte,

　　er hat gehandelt

der **Händ|ler**,

　　die Händler

die **Hand|lung**,

　　die Handlungen

das **Hand|werk**

der **Hand|wer|ker**,

　　die Handwerker

die **Hand|wer|ke|rin**,

　　die Handwerkerinnen

das **Han|dy**,

　　die Handys

der **Hang**, die Hänge

　　hän|gen,

　　er hängt, er hing

　　(auch: er hängte),

　　er hat gehangen

Han|no|ver
(Landeshauptstadt
von Niedersachsen)

das **Hap|py End**,
die Happy Ends
(auch: das Hap|py|end,
die Happyends)

die **Har|pu|ne**,
die Harpunen

hart, härter,
am härtesten

der **Harz** (Gebirge)

der **Ha|se**, die Hasen

der **Hass**

häss|lich, hässlicher,
am hässlichsten

has|ten, sie hastet,
sie hastete,
sie ist gehastet

has|tig, hastiger,
am hastigsten

der **Hau|fen**,
die Haufen

häu|fig, häufiger,
am häufigsten

die **Haupt|schu|le**,
die Hauptschulen

die **Haupt|stadt**,
die Hauptstädte

das **Haus**, die Häuser

der **Haus|meis|ter**,
die Hausmeister

die **Haus|meis|te|rin**,
die Hausmeisterinnen

die **Haut**, die Häute

die **Ha|vel** (Fluss)

he|ben,
er hebt, er hob,
er hat gehoben

die **He|cke**, die Hecken

das **Heft**, die Hefte

hef|tig,
heftiger,
am heftigsten

die **Hei|del|bee|re**,
die Heidelbeeren

die **Hei|mat**

heim|keh|ren,
sie kehrt heim,
sie kehrte heim,
sie ist heimgekehrt

heim|lich,
heimlicher,
am heimlichsten

heiß, heißer,
am heißesten

hei|ßen,
er heißt, er hieß,
er hat geheißen

hei|ter, heiterer,
am heitersten

hei|zen,
sie heizt, sie heizte,
sie hat geheizt

A
B
C
D
E
F
G
H
I
J
K
L
M
N
O
P
Q
R
S
T
U
V
W
X
Y
Z

A
B
C
D
E
F
G
H
I
J
K
L
M
N
O
P
Q
R
S
T
U
V
W
X
Y
Z

die **Hei|zung**,
　　die Heizungen
　　hel|fen, er hilft,
　　er half,
　　er hat geholfen
　　hell, heller,
　　am hellsten
　　hell|blau
die **Hel|lig|keit**
der **Helm**,
　　die Helme
das **Hemd**, die Hemden
die **Hen|ne**,
　　die Hennen
　　her
　　her|ab
　　(auch: he|rab)
　　her|auf
　　(auch: he|rauf)
　　her|aus
　　(auch: he|raus)
　　herb,
　　herber, am herbsten
der **Herbst**, die Herbste
die **Herbst|sup|pe**,
　　die Herbstsuppen
der **Herd** (Ofen),
　　die Herde
die **Her|de** (Tiergruppe),
　　die Herden
　　her|ein
　　(auch: he|rein)

der **Herr**, die Herren
　　herr|lich, herrlicher,
　　am herrlichsten
　　her|stel|len,
　　er stellt her,
　　er stellte her,
　　er hat hergestellt
die **Her|stel|lung**,
　　die Herstellungen
　　her|ü|ber
　　(auch: he|rü|ber)
　　her|um
　　(auch: he|rum)
　　her|un|ter
　　(auch: he|run|ter)
　　her|vor
das **Herz**, die Herzen
　　herz|lich,
　　herzlicher,
　　am herzlichsten
die **Herz|lich|keit**
　　Hes|sen
　　het|zen, sie hetzt,
　　sie hetzte,
　　sie hat gehetzt
das **Heu**
　　heu|len, er heult,
　　er heulte,
　　er hat geheult
　　heu|te
die **He|xe**, die Hexen
　　hier

hier|her

die Hil|fe, die Hilfen

hilfs|be|reit,
hilfsbereiter,
am hilfsbereitesten

die Him|bee|re,
die Himbeeren

der Him|mel,
die Himmel

die Him|mels|rich|tung,
die Himmelsrichtungen

hin

hin|auf
(auch: hi|nauf)

hin|aus
(auch: hi|naus)

das Hin|der|nis,
die Hindernisse

hin|ein
(auch: hi|nein)

hin|fal|len,
sie fällt hin,
sie fiel hin,
sie ist hingefallen

hin|ter

hin|ter|her

das Hin|ter|rad,
die Hinterräder

hin|un|ter
(auch: hi|nun|ter)

der Hirsch,
die Hirsche

der Hirsch|kä|fer,
die Hirschkäfer

der Hit, die Hits

die Hit|ze

das Hob|by, die Hobbys

hoch,
höher, am höchsten

höchs|tens

die Hoch|zeit,
die Hochzeiten

ho|cken,
er hockt, er hockte,
er hat gehockt
(auch: er ist gehockt)

der Hof, die Höfe

hof|fen,
sie hofft, sie hoffte,
sie hat gehofft

hof|fent|lich

höf|lich,
höflicher,
am höflichsten

die Höf|lich|keit,
die Höflichkeiten

die Hö|he, die Höhen

hohl,
hohler,
am hohlsten

die Höh|le, die Höhlen

ho|len,
er holt, er holte,
er hat geholt

A
B
C
D
E
F
G
H
I
J
K
L
M
N
O
P
Q
R
S
T
U
V
W
X
Y
Z

das **Holz**, die Hölzer
die **Home|page**
(Internetseite),
die Homepages
der **Ho|nig**
hop|sen,
sie hopst, sie hopste,
sie ist gehopst
hö|ren, er hört,
er hörte,
er hat gehört
der **Hö|rer**, die Hörer
der **Hort**, die Horte
die **Ho|se**,
die Hosen
hübsch,
hübscher,
am hübschesten
der **Huf**, die Hufe
das **Huhn**, die Hühner
die **Hül|le**, die Hüllen

hundert/Hundert

Kleinschreibung
bis hundert zählen
hundert Ameisen
hundert mal vier

Großschreibung
die Zahl Hundert
der Hunderter

die **Hül|se**, die Hülsen
die **Hum|mel**,
die Hummeln
der **Hum|mer**,
die Hummer
hum|peln,
sie humpelt,
sie humpelte,
sie hat gehumpelt
(auch: sie ist
gehumpelt)
der **Hund**, die Hunde
hun|dert ❗
der **Hun|der|ter**,
die Hunderter
der **Hun|ger**
hung|rig,
hungriger,
am hungrigsten
die **Hu|pe**, die Hupen
hu|pen,
sie hupt,
sie hupte,
sie hat gehupt
hüp|fen,
er hüpft,
er hüpfte,
er ist gehüpft
der **Hus|ten**
der **Hut**, die Hüte
die **Hüt|te**, die Hütten

I

ich
die **Idee**, die Ideen
der **Igel**, die Igel
der (das) **Ig|lu**,
    die Iglus
ihm
ihn
ih|nen
ihr
ih|re
ih|rem
ih|ren
ih|res
die **Il|lus|tra|ti|on**
    (auch: Il|lust|ra|ti|on),
    die Illustrationen
im
der **Im|biss**,
    die Imbisse
im|mer
imp|fen,
    sie impft,
    sie impfte,
    sie hat geimpft
die **Imp|fung**,
    die Impfungen
im|po|nie|ren,
    er imponiert ihr,
    er imponierte ihr,
    er hat ihr imponiert

in
der **In|di|a|ner**,
    die Indianer
die **In|fek|ti|on**
    (Ansteckung),
    die Infektionen
die **In|for|ma|ti|on**,
    die Informationen
sich **in|for|mie|ren**,
    sie informiert sich,
    sie informierte sich,
    sie hat sich informiert
der **In|halt**,
    die Inhalte
die **In|klu|si|on**,
    die Inklusionen
der **In|li|ner**,
    die Inliner
der **In|line|ska|ter**,
    die Inlineskater
die **In|line|skates**
der **Inn** (Fluss)
in|nen
ins
das **In|sekt**,
    die Insekten
die **In|sel**,
    die Inseln
ins|ge|samt
der **In|stal|la|teur**
    (auch: Ins|tal|la|teur),
    die Installateure

A
B
C
D
E
F
G
H
I
J
K
L
M
N
O
P
Q
R
S
T
U
V
W
X
Y
Z

A
B
C
D
E
F
G
H
I
J
K
L
M
N
O
P
Q
R
S
T
U
V
W
X
Y
Z

die **In|stal|la|teu|rin**
(auch: Ins|tal|la|teu|rin),
die Installateurinnen

die **In|stal|la|ti|on**
(auch: Ins|tal|la|ti|on),
die Installationen

das **In|stru|ment**
(auch: Ins|tru|ment),
die Instrumente

die **In|te|gra|ti|on**
(auch: In|teg|ra|ti|on),
die Integrationen

in|te|grie|ren
(auch: in|teg|rie|ren),
sie integriert,
sie integrierte,
sie hat integriert

in|te|res|sant
(auch: in|ter|es|sant),
interessanter,
am interessantesten

das **In|te|res|se**
(auch: In|ter|es|se),
die Interessen

sich **in|te|res|sie|ren**
(auch: in|ter|es|sie|ren),
er interessiert sich,
er interessierte sich,
er hat sich interessiert

das **In|ter|net**

das **In|ter|view**,
die Interviews

in|ter|vie|wen,
sie interviewt,
sie interviewte,
sie hat interviewt

die **Inu|it**
(Eigenbezeichnung
der Eskimos)

inzwischen

ir|gend

ir|gend|et|was

ir|gend|wann

ir|gend|was

ir|gend|wo

die **Iris** (Teil des Auges),
die Iris

Ir|land

irr, irrer, am irrsten

sich **ir|ren**,
sie irrt sich,
sie irrte sich,
sie hat sich geirrt

der **Irr|tum**, die Irrtümer

die **Isar** (Fluss)

der **Is|lam**

Is|land

die **Iso|lie|rung**,
die Isolierungen

sie **isst** einen Apfel

er **ist** im Haus

Ita|li|en

J

ja

die **Jacht**,
die Jachten
= Yacht

die **Ja|cke**,
die Jacken

die **Jagd**,
die Jagden

ja|gen,
er jagt,
er jagte,
er hat gejagt

der **Jä|ger**,
die Jäger

der **Ja|gu|ar**,
die Jaguare

das **Jahr**,
die Jahre

die **Jah|res|zeit**,
die Jahreszeiten

jähr|lich

der **Jahr|markt**,
die Jahrmärkte

der **Jäh|zorn**

das **Jak** (Rinderart),
die Jaks = Yak

der **Jam|mer**

jäm|mer|lich,
jämmerlicher,
am jämmerlichsten

jam|mern,
sie jammert,
sie jammerte,
sie hat gejammert

der **Ja|nu|ar**

Ja|pan

jau|len,
er jault,
er jaulte,
er hat gejault

je

die **Jeans**, die Jeans

je|de

je|den|falls

je|der

je|des

je|doch

je|mand, jemanden

der **Jet**, die Jets

jetzt

der **Job**, die Jobs

jog|gen,
sie joggt,
sie joggte,
sie ist gejoggt
(auch: sie hat gejoggt)

der **Jo|ghurt**, die Joghurts
= Jogurt

der **Jo|gurt**, die Jogurts
= Joghurt

die **Jo|han|nis|bee|re**,
die Johannisbeeren

K

das **Jo**-**Jo**, die Jo-Jos
= Yo-Yo
jon|**glie**|**ren**
(auch: jong|lie|ren),
sie jongliert,
sie jonglierte,
sie hat jongliert
ju|**beln**,
er jubelt,
er jubelte,
er hat gejubelt
das **Ju**|**den**|**tum**
jü|**disch**
das **Ju**|**do**
die **Ju**|**gend**
ju|**gend**|**lich**,
jugendlicher,
am jugendlichsten
der **Ju**|**li**
jung,
jünger,
am jüngsten
der **Jun**|**ge**, die Jungen
der **Ju**|**ni**
die **Ju**|**ry**, die Jurys

der **Kä**|**fer**, die Käfer
der **Kaf**|**fee**, die Kaffees
der **Kä**|**fig**, die Käfige
kahl
der **Kahn**, die Kähne
der **Kai**|**ser**,
die Kaiser
die **Kai**|**se**|**rin**,
die Kaiserinnen
der **Ka**|**kao**,
die Kakaos
der **Kak**|**tus**,
die Kakteen
das **Kalb**, die Kälber
der **Ka**|**len**|**der**,
die Kalender
kalt, kälter,
am kältesten
die **Käl**|**te**
das **Ka**|**mel**,
die Kamele
die **Ka**|**me**|**ra**,
die Kameras
der **Ka**|**min**,
die Kamine
der **Kamm**, die Kämme
käm|**men**,
sie kämmt,
sie kämmte,
sie hat gekämmt

die **Kam|mer**,
　　die Kammern
der **Kampf**,
　　die Kämpfe
　　kämp|fen,
　　er kämpft, er kämpfte,
　　er hat gekämpft
der **Ka|nal**,
　　die Kanäle
das **Kän|gu|ru**,
　　die Kängurus
das **Ka|nin|chen**,
　　die Kaninchen
die **Kan|ne**, die Kannen
der **Ka|pi|tän**,
　　die Kapitäne
das **Ka|pi|tel**,
　　die Kapitel
die **Kap|pe**,
　　die Kappen
　　ka|putt, kaputter,
　　am kaputtesten
die **Ka|pu|ze**,
　　die Kapuzen
der **Kar|frei|tag**,
　　die Karfreitage
　　ka|riert
der **Kar|ne|val**,
　　die Karnevale
die **Ka|rot|te**, die Karotten
das **Kärt|chen**,
　　die Kärtchen

die **Kar|te**, die Karten
die **Kar|tei**, die Karteien
die **Kar|tof|fel**,
　　die Kartoffeln
der **Kar|ton**, die Kartons
das **Ka|rus|sell**,
　　die Karussells
　　(auch: die Karusselle)
der **Kä|se**, die Käse
die **Kas|se**, die Kassen
die **Kas|set|te**,
　　die Kassetten
　　kas|sie|ren,
　　sie kassiert,
　　sie kassierte,
　　sie hat kassiert
die **Kas|ta|nie**,
　　die Kastanien
der **Kas|ten**,
　　die Kästen
der **Ka|ter**, die Kater
　　ka|tho|lisch
die **Kat|ze**, die Katzen
　　kau|en, sie kaut,
　　sie kaute,
　　sie hat gekaut
　　kau|fen,
　　er kauft,
　　er kaufte,
　　er hat gekauft
der **Käu|fer**,
　　die Käufer

die **Kaul|quap|pe**,
die Kaulquappen
kaum
der **Ke|gel**, die Kegel
ke|geln,
sie kegelt, sie kegelte,
sie hat gekegelt
keh|ren,
er kehrt, er kehrte,
er hat gekehrt
kein
kei|ne
kei|nem
kei|nen
der (das) **Keks**, die Kekse
die **Kel|le**, die Kellen
der **Kel|ler**, die Keller
ken|nen, sie kennt,
sie kannte,
sie hat gekannt
der **Kern**, die Kerne
die **Ker|ze**, die Kerzen
der **Kes|sel**,
die Kessel
der (das) **Ket|chup**
(auch: Ketch|up),
die Ketchups
= Ketschup
der (das) **Ket|schup**
(auch: Ketsch|up),
die Ketschups
= Ketchup

die **Ket|te**, die Ketten
die **Keu|le**, die Keulen
das **Kfz** (Abkürzung für:
Kraftfahrzeug)
kg (Abkürzung für:
Kilogramm)
ki|chern,
er kichert, er kicherte,
er hat gekichert
die **Kie|fer**
(Nadelbaum),
die Kiefern
Kiel (Landeshauptstadt
von Schleswig-Holstein)
der **Kie|sel**,
die Kiesel
das **Ki|lo|gramm** [kg],
die Kilogramm
der **Ki|lo|me|ter** [km],
die Kilometer
das **Kind**, die Kinder
der **Kin|der|gar|ten**,
die Kindergärten
das **Ki|no**, die Kinos
kip|pen,
sie kippt, sie kippte,
sie hat gekippt
die **Kir|che**, die Kirchen
die **Kir|sche**,
die Kirschen
das **Kis|sen**,
die Kissen

die **Kis|te**, die Kisten
   kit|zeln,
   es kitzelt, es kitzelte,
   es hat gekitzelt
die **Ki|wi** (Obst),
   die Kiwis
die **Klam|mer**,
   die Klammern
der **Klang**, die Klänge
die **Klap|pe**, die Klappen
   klap|pern,
   es klappert,
   es klapperte,
   es hat geklappert
die **Klap|per|schlan|ge**,
   die Klapperschlangen
   klar, klarer,
   am klarsten
die **Klar|heit**
die **Klas|se**, die Klassen
das **Klas|sen|zim|mer**,
   die Klassenzimmer
   klat|schen,
   er klatscht,
   er klatschte,
   er hat geklatscht
das **Kla|vier**, die Klaviere
das **Kle|be|band**,
   die Klebebänder
   kle|ben,
   es klebt, es klebte,
   es hat geklebt

der **Kle|ber**, die Kleber
   kleb|rig, klebriger,
   am klebrigsten
der **Klecks**, die Kleckse
der **Klee**
das **Klee|blatt**,
   die Kleeblätter
das **Kleid**, die Kleider
sich **klei|den**,
   sie kleidet sich,
   sie kleidete sich,
   sie hat sich gekleidet
die **Klei|dung**
   klein, kleiner,
   am kleinsten
der **Kleis|ter**, die Kleister
   klem|men,
   es klemmt, es klemmte,
   es hat geklemmt
   klet|tern,
   er klettert, er kletterte,
   er ist geklettert
   (auch: er hat geklettert)
das **Kli|ma**, die Klimata
die **Klin|ge**, die Klingen
die **Klin|gel**, die Klingeln
   klin|geln,
   es klingelt, es klingelte,
   es hat geklingelt
   klin|gen,
   es klingt, es klang,
   es hat geklungen

A B C D E F G H I J K L M N O P Q R S T U V W X Y Z

klir|ren,
es klirrt, es klirrte,
es hat geklirrt
das **Klo**, die Klos
klop|fen,
es klopft, es klopfte,
es hat geklopft
der **Kloß**, die Klöße
klug,
klüger, am klügsten
die **Klug|heit**
km (Abkürzung für:
Kilometer)
knab|bern,
sie knabbert,
sie knabberte,
sie hat geknabbert
kna|cken,
es knackt, es knackte,
es hat geknackt
kna|ckig,
knackiger,
am knackigsten
knack|sen,
es knackst,
es knackste,
es hat geknackst
der **Knall**, die Knalle
knal|len,
es knallt, es knallte,
es hat geknallt
der **Knap|pe**, die Knappen

knar|ren,
es knarrt, es knarrte,
es hat geknarrt
die **Kne|te**
kne|ten, er knetet,
er knetete,
er hat geknetet
der **Knick**, die Knicke
kni|cken,
sie knickt, sie knickte,
sie hat geknickt
der **Knicks**, die Knickse
das **Knie**, die Knie
kni|en,
er kniet, er kniete,
er hat gekniet
(auch: er ist gekniet)
knif|fe|lig
(auch: kniff|lig),
kniffeliger,
am kniffeligsten
kno|beln,
sie knobelt,
sie knobelte,
sie hat geknobelt
der **Knob|lauch**
der **Kno|chen**,
die Knochen
kno|chig, knochiger,
am knochigsten
der **Knö|del**, die Knödel
die **Knol|le**, die Knollen

der **Knopf**, die Knöpfe

die **Knos|pe**,
die Knospen

kno|ten,
er knotet, er knotete,
er hat geknotet

der **Kno|ten**,
die Knoten

knur|ren, sie knurrt,
sie knurrte,
sie hat geknurrt

knusp|rig, knuspriger,
am knusprigsten

der **Ko|bel** (Nest des
Eichhörnchens),
die Kobel

der **Ko|bold**, die Kobolde

der **Koch**, die Köche

ko|chen,
er kocht, er kochte,
er hat gekocht

die **Kö|chin**,
die Köchinnen

der **Kö|der**, die Köder

der **Kof|fer**, die Koffer

der **Kohl**

die **Koh|le**

die **Kohl|mei|se**,
die Kohlmeisen

die **Ko|kos|nuss**,
die Kokosnüsse

der **Kol|ben**, die Kolben

der **Ko|li|bri**
(auch: Ko|lib|ri),
die Kolibris

kom|bi|nie|ren,
sie kombiniert,
sie kombinierte,
sie hat kombiniert

ko|misch,
komischer,
am komischsten

kom|men,
er kommt, er kam,
er ist gekommen

der **Kom|mis|sar**,
die Kommissare

der **Kom|pass**,
die Kompasse

der **Kom|post**,
die Komposte

der **Kom|pott**,
die Kompotte

die **Kon|fe|renz**,
die Konferenzen

das **Kon|fet|ti**

der **Kon|flikt** (Streit),
die Konflikte

der **Kö|nig**, die Könige

die **Kö|ni|gin**,
die Königinnen

kön|nen,
sie kann, sie konnte,
sie hat gekonnt

A
B
C
D
E
F
G
H
I
J
K
L
M
N
O
P
Q
R
S
T
U
V
W
X
Y
Z

die **Kon|ser|ven|do|se**,
    die Konservendosen

der **Kon|so|nant**
    (Mitlaut),
    die Konsonanten
    kon|tra (gegen,
    auch: kont|ra)

die **Kon|trol|le**
    (auch: Kont|rol|le),
    die Kontrollen
    kon|trol|lie|ren
    (auch: kont|rol|lie|ren),
    er kontrolliert,
    er kontrollierte,
    er hat kontrolliert

das **Kon|zert**,
    die Konzerte

der **Kopf**,
    die Köpfe
    kopf|über

die **Ko|pie**,
    die Kopien
    ko|pie|ren,
    sie kopiert,
    sie kopierte,
    sie hat kopiert

der **Ko|ran**
    (heiliges Buch des
    Islam)

der **Korb**, die Körbe

der **Kor|ken**,
    die Korken

das **Korn**, die Körner

der **Kör|per**, die Körper

    Ko|so|vo

    kos|ten,
    es kostet, es kostete,
    es hat gekostet

das **Kos|tüm**,
    die Kostüme

die **Krab|be**,
    die Krabben
    krab|beln,
    es krabbelt,
    es krabbelte,
    es ist gekrabbelt
    kra|chen,
    es kracht, es krachte,
    es hat gekracht

die **Kraft**, die Kräfte
    kräf|tig, kräftiger,
    am kräftigsten

der **Kra|gen**,
    die Kragen

die **Krä|he**,
    die Krähen
    krä|hen,
    er kräht, er krähte,
    er hat gekräht

die **Kral|le**,
    die Krallen

der **Kran**, die Kräne
    krank, kränker,
    am kränkesten

die **Krank|heit**,
die Krankheiten

der **Kranz**, die Kränze

krat|zen,
es kratzt, es kratzte,
es hat gekratzt

krau|len,
sie krault, sie kraulte,
sie hat gekrault

das **Kraut**, die Kräuter

der **Krebs**,
die Krebse

die **Krei|de**,
die Kreiden

der **Kreis**, die Kreise

das **Kreuz**, die Kreuze

die **Kreu|zung**,
die Kreuzungen

krie|chen,
er kriecht, er kroch,
er ist gekrochen

der **Krieg**, die Kriege

der **Kri|mi**, die Krimis

die **Krip|pe**, die Krippen

die **Kri|se**, die Krisen

der **Kris|tall**,
die Kristalle

die **Kri|tik**, die Kritiken

kri|ti|sie|ren,
sie kritisiert,
sie kritisierte,
sie hat kritisiert

krit|zeln,
er kritzelt, er kritzelte,
er hat gekritzelt

Kro|a|ti|en

das **Kro|ko|dil**,
die Krokodile

der **Kro|kus** (Blume),
die Krokusse

die **Kro|ne**,
die Kronen

der **Kron|kor|ken**,
die Kronkorken

die **Krö|te**, die Kröten

der **Krug**, die Krüge

der **Krü|mel**,
die Krümel

krumm, krummer,
am krummsten

die **Kü|che**,
die Küchen

der **Ku|chen**,
die Kuchen

der **Ku|ckuck**,
die Kuckucke

die **Ku|gel**,
die Kugeln

die **Kuh**, die Kühe

kühl,
kühler, am kühlsten

die **Kuh|le**, die Kuhlen

der **Kühl|schrank**,
die Kühlschränke

A B C D E F G H I J K L M N O P Q R S T U V W X Y Z

kühn,
kühner,
am kühnsten
das **Kü|ken,**
die Küken
der **Kum|mer**
sich **küm|mern,**
sie kümmert sich,
sie kümmerte sich,
sie hat sich gekümmert
der **Kun|de,** die Kunden
kün|di|gen,
er kündigt,
er kündigte,
er hat gekündigt
die **Kun|din,**
die Kundinnen
künf|tig (in Zukunft)
die **Kunst,** die Künste
der **Künst|ler,**
die Künstler
die **Künst|le|rin,**
die Künstlerinnen
künst|lich,
künstlicher,
am künstlichsten
der **Kunst|stoff,**
die Kunststoffe
das **Kup|fer** (Metall)
der **Kür|bis,**
die Kürbisse
der **Kurs,** die Kurse

die **Kur|ve,**
die Kurven
kurz,
kürzer,
am kürzesten
die **Kür|ze**
ku|scheln,
sie kuschelt,
sie kuschelte,
sie hat gekuschelt
die **Ku|si|ne,**
die Kusinen
= Cousine
der **Kuss,** die Küsse
küs|sen,
er küsst,
er küsste,
er hat geküsst
die **Küs|te,**
die Küsten
die **Kut|sche,**
die Kutschen
der **Kut|ter,**
die Kutter
das **Ku|vert**
(Briefumschlag),
die Kuverts

L

l (Abkürzung für: Liter)
das **La|bor**, die Labore
lä|cheln,
sie lächelt,
sie lächelte,
sie hat gelächelt
das **Lä|cheln**
la|chen,
er lacht,
er lachte,
er hat gelacht
das **La|chen**
der **Lachs**, die Lachse
der **Lack**, die Lacke
la|ckie|ren,
sie lackiert,
sie lackierte,
sie hat lackiert
das **La|ger**, die Lager
lahm, lahmer,
am lahmsten
der **Laib**, die Laibe
der **Laie** (Nichtfachmann),
die Laien
das **La|ma**, die Lamas
das **Lamm**,
die Lämmer
die **Lam|pe**,
die Lampen
das **Land**, die Länder

die **Land|kar|te**,
die Landkarten
die **Land|wirt|schaft**
lang,
länger, am längsten
das **Lang|boot**,
die Langboote
lang|sam,
langsamer,
am langsamsten
lang|wei|lig,
langweiliger,
am langweiligsten
der (das) **Lap|top**,
die Laptops
die **Lär|che** (Baum),
die Lärchen
der **Lärm**
lär|men,
er lärmt, er lärmte,
er hat gelärmt
die **Lar|ve**, die Larven
der **La|ser**, die Laser
las|sen,
sie lässt, sie ließ,
sie hat gelassen
das **Las|so**, die Lassos
die **La|ter|ne**, die Laternen
die **Lat|te**, die Latten
die **Latz|ho|se**,
die Latzhosen
das **Laub**

A
B
C
D
E
F
G
H
I
J
K
L
M
N
O
P
Q
R
S
T
U
V
W
X
Y
Z

der **Laub|hau|fen**,
die Laubhaufen
der **Lauch**
der **Lauf**, die Läufe
lau|fen,
er läuft, er lief,
er ist gelaufen
(auch: er hat gelaufen)
der **Läu|fer**, die Läufer
die **Läu|fe|rin**,
die Läuferinnen
laut,
lauter, am lautesten
die **Laut|stär|ke**,
die Lautstärken
das **Lay|out**, die Layouts
(auch: das Lay-out,
die Lay-outs)
le|ben,
sie lebt, sie lebte,
sie hat gelebt
das **Le|ben**, die Leben
le|ben|dig,
lebendiger,
am lebendigsten
das **Leck** (undichte Stelle),
die Lecks
le|cken,
er leckt, er leckte,
er hat geleckt
le|cker, leckerer,
am leckersten

der **Le|cker|bis|sen**,
die Leckerbissen
leer
le|gen,
sie legt, sie legte,
sie hat gelegt
die **Leh|ne**,
die Lehnen
leh|ren, er lehrt,
er lehrte,
er hat gelehrt
der **Leh|rer**, die Lehrer
die **Leh|re|rin**,
die Lehrerinnen
der **Leib** (Körper),
die Leiber
leicht,
leichter, am leichtesten
das **Leid**, die Leiden
lei|den,
sie leidet, sie litt,
sie hat gelitten
lei|der
lei|hen,
er leiht, er lieh,
er hat geliehen
lei|se, leiser,
am leisesten
die **Leis|te**, die Leisten
lei|ten,
sie leitet, sie leitete,
sie hat geleitet

die **Lei|ter** (Gegenstand),
  die Leitern
der **Lei|ter** (Person),
  die Leiter
die **Lei|te|rin**,
  die Leiterinnen
  len|ken,
  er lenkt, er lenkte,
  er hat gelenkt
der **Len|ker**,
  die Lenker
der **Le|o|pard**,
  die Leoparden
die **Ler|che** (Vogel),
  die Lerchen
  ler|nen,
  sie lernt, sie lernte,
  sie hat gelernt
  le|sen,
  er liest, er las,
  er hat gelesen
  Lett|land
  letz|te
  leuch|ten,
  es leuchtet,
  es leuchtete,
  es hat geleuchtet
die **Leu|te**
das **Le|xi|kon**,
  die Lexika
die **Li|bel|le**, die Libellen
das **Licht**, die Lichter

das **Licht|sig|nal**,
  (auch: Licht|si|gnal)
  die Lichtsignale
die **Lich|tung**,
  die Lichtungen
  lieb, lieber,
  am liebsten
die **Lie|be**
  lie|ben, sie liebt,
  sie liebte,
  sie hat geliebt
der **Lieb|ling**, die Lieblinge
  Liech|ten|stein
das **Lied**, die Lieder
  lie|fern,
  er liefert, er lieferte,
  er hat geliefert
die **Lie|ge**, die Liegen
  lie|gen,
  es liegt, es lag,
  es hat gelegen

letzte/Letzte

Kleinschreibung
das letzte Mal
der letzte Versuch
zum letzten Mal

Großschreibung
der Letzte am Ziel
sie kam als Letzte

der **Lie|ge|stuhl**,
    die Liegestühle
die **Lin|de** (Baum),
    die Linden
das **Li|ne|al**, die Lineale
die **Li|nie**, die Linien
    links
die **List** (geheimer Plan),
    die Listen
die **Lis|te**, die Listen
    lis|tig,
    listiger, am listigsten
    Li|tau|en
der (das) **Li|ter** [l],
    die Liter
der **Lkw** (Abkürzung
    für: Lastkraftwagen),
    die Lkws (auch:
    der LKW, die LKWs)
das **Lob**
    lo|ben,
    sie lobt, sie lobte,
    sie hat gelobt
das **Loch**, die Löcher
der **Lo|cher**, die Locher
    lo|cker, lockerer,
    am lockersten
    lo|dern,
    es lodert, es loderte,
    es hat gelodert
der **Löf|fel**, die Löffel
die **Lo|gik**

das **Log-in**
    (Einloggen mit dem
    Computer),
    die Log-ins
der **Lohn**, die Löhne
sich **loh|nen**,
    es lohnt sich,
    es lohnte sich,
    es hat sich gelohnt
die **Lok**, die Loks
die **Lo|ko|mo|ti|ve**,
    die Lokomotiven
der **Lor|beer**,
    die Lorbeeren
    los
das **Los**, die Lose
    lö|schen, er löscht,
    er löschte,
    er hat gelöscht
    lo|sen,
    sie lost, sie loste,
    sie hat gelost
    lö|sen,
    er löst, er löste,
    er hat gelöst
    los|las|sen,
    sie lässt los,
    sie ließ los,
    sie hat losgelassen
die **Lö|sung**, die Lösungen
die **Lot|te|rie**,
    die Lotterien

M

der **Lö|we**, die Löwen

der **Lö|wen|zahn**

der **Luchs**, die Luchse

die **Lü|cke**, die Lücken

der **Lü|cken|text**,
die Lückentexte

die **Luft**, die Lüfte

der **Luft|bal|lon**,
die Luftballons
lüf|ten,
sie lüftet, sie lüftete,
sie hat gelüftet
luf|tig, luftiger,
am luftigsten

die **Luft|ma|trat|ze**
(auch: Luft|mat|rat|ze),
die Luftmatratzen

die **Luft|pum|pe**,
die Luftpumpen

die **Lü|ge**, die Lügen
lü|gen,
er lügt, er log,
er hat gelogen

der **Lüm|mel**, die Lümmel

der **Lump**, die Lumpen

die **Lu|pe**, die Lupen

die **Lust**
lus|tig, lustiger,
am lustigsten
Lu|xem|burg

der **Lu|xus**

m (Abkürzung für:
Meter)

ma|chen,
sie macht, sie machte,
sie hat gemacht

die **Macht**, die Mächte
mäch|tig, mächtiger,
am mächtigsten

das **Mäd|chen**,
die Mädchen
Mag|de|burg
(Landeshauptstadt
von Sachsen-Anhalt)

der **Mag|net**
(auch: Ma|gnet),
die Magnete
mag|ne|tisch
(auch: ma|gne|tisch)

mä|hen,
er mäht, er mähte,
er hat gemäht

mah|len (zerkleinern),
sie mahlt, sie mahlte,
sie hat gemahlen

die **Mäh|ne**, die Mähnen
mah|nen,
er mahnt, er mahnte,
er hat gemahnt

die **Mah|nung**,
die Mahnungen

A
B
C
D
E
F
G
H
I
J
K
L
M
N
O
P
Q
R
S
T
U
V
W
X
Y
Z

der **Mai**

das **Mai|glöck|chen**,
die Maiglöckchen

der **Mai|kä|fer**,
die Maikäfer

der **Main** (Fluss)

Mainz
(Landeshauptstadt
von Rheinland-Pfalz)

der **Mais**

Ma|ke|do|ni|en

die **Mak|ka|ro|ni**

mal ❗

das **Mal**, die Male ❗
ma|len (zeichnen),
sie malt, sie malte,
sie hat gemalt

Mal|ta

❗

mal/Mal

Kleinschreibung
auf einmal
diesmal
(noch) einmal
malnehmen

Großschreibung
das letzte Mal
zum letzten Mal
dieses Mal
viele Male

---

das **Malz**
mal|zig

die **Ma|ma**, die Mamas

man

man|che

manch|mal

die **Man|da|ri|ne**,
die Mandarinen

der **Mann**, die Männer

männ|lich

die **Mann|schaft**,
die Mannschaften

der **Man|tel**, die Mäntel

die **Map|pe**, die Mappen

das **Mär|chen**, die Märchen

der **Mar|der**, die Marder

die **Mar|ga|ri|ne**

der **Ma|ri|en|kä|fer**,
die Marienkäfer

die **Mar|ke**, die Marken
mar|kie|ren,
er markiert, er markierte,
er hat markiert

der **Markt**, die Märkte

der **Markt|platz**,
die Marktplätze

die **Mar|me|la|de**,
die Marmeladen
mar|schie|ren,
sie marschiert,
sie marschierte,
sie ist marschiert

der **März**

die **Ma|schi|ne**,
  die Maschinen

das **Maß|band**,
  die Maßbänder

der **Ma|tro|se**
  (auch: Mat|ro|se),
  die Matrosen

der **Matsch**
  mat|schig,
  matschiger,
  am matschigsten
  matt, matter,
  am mattesten

die **Mat|te**, die Matten

die **Mau|er**, die Mauern

das **Maul**, die Mäuler

der **Maul|wurf**,
  die Maulwürfe

der **Mau|rer**, die Maurer

die **Maus**, die Mäuse
  Ma|ze|do|ni|en
  Meck|len|burg-
  Vor|pom|mern

das **Me|di|um**, die Medien

die **Me|di|zin**, die Medizinen

das **Meer**, die Meere

die **Meer|jung|frau**,
  die Meerjungfrauen

das **Meer|schwein|chen**,
  die Meerschweinchen

das **Mehl**

mehr

meh|re|re

die **Mehr|zahl**

mei|den,
  er meidet, er mied,
  er hat gemieden

mein

mei|ne

mei|nem

mei|nen

mei|nen,
  er meint, er meinte,
  er hat gemeint

mei|ner

mei|nes

die **Mei|nung**,
  die Meinungen

die **Mei|se**, die Meisen

am **meis|ten**

meis|tens

mel|den,
  sie meldet, sie meldete,
  sie hat gemeldet

die **Mel|dung**,
  die Meldungen

die **Me|lo|die**, die Melodien

die **Me|lo|ne**, die Melonen

die **Men|ge**, die Mengen

der **Mensch**, die Menschen

mer|ken,
  er merkt, er merkte,
  er hat gemerkt

merk|wür|dig,
merkwürdiger,
am merkwürdigsten
mes|sen,
sie misst, sie maß,
sie hat gemessen
das **Mes|ser,** die Messer
mes|ser|scharf
das **Me|tall,** die Metalle
der **Me|te|o|rit,**
die Meteoriten
der **Me|ter** [m], die Meter
mg (Abkürzung für:
Milligramm)
mi|au|en,
er miaut, er miaute,
er hat miaut
mich
die **Mie|te,** die Mieten
mie|ten,
sie mietet,
sie mietete,
sie hat gemietet
der **Mi|grant**
(auch: Mig|rant),
die Migranten
die **Mi|gran|tin**
(auch: Mig|ran|tin),
die Migrantinnen
die **Mi|gra|ti|on**
(auch: Mig|ra|ti|on),
die Migrationen

> **!**
>
> Mittag/mittags
>
> **Großschreibung**
> am Mittag
> heute Mittag
> der Dienstagmittag
>
> **Kleinschreibung**
> mittags
> dienstagmittags

mi|grie|ren
(auch: mig|rie|ren),
er migriert, er migrierte,
er ist migriert
das **Mi|kro|skop**
(auch: Mik|ros|kop),
die Mikroskope
die **Milch**
mild, milder,
am mildesten
die **Mil|li|ar|de,**
die Milliarden
das **Mil|li|gramm** [mg],
die Milligramm
der **Mil|li|li|ter** [ml],
die Milliliter
der **Mil|li|me|ter** [mm],
die Millimeter
die **Mil|li|on,** die Millionen
min|des|tens

das **Mi|ne|ral**, die Mineralien
die **Mi|nu|te**, die Minuten
mir
der **Mist**
mit
mit|ein|an|der
(auch: mit|ei|nan|der)
der **Mit|laut**, die Mitlaute
das **Mit|leid**
der **Mit|tag**, ❗
die Mittage
das **Mit|tag|es|sen**,
die Mittagessen
mit|tags ❗
die **Mit|te**
die **Mit|tel|schu|le**,
die Mittelschulen
der **Mitt|woch**, ❗
die Mittwoche
mitt|wochs ❗
mi|xen, er mixt,
er mixte,
er hat gemixt
der **Mi|xer**, die Mixer
ml (Abkürzung für:
Milliliter)
mm (Abkürzung für:
Millimeter)
das **Mö|bel**, die Möbel
die **Mo|de**
das **Mo|dell**,
die Modelle

mo|dern, moderner,
am modernsten
mod|rig, modriger,
am modrigsten
mö|gen, sie mag,
sie mochte,
sie hat gemocht
möglich
die **Mög|lich|keit**,
die Möglichkeiten
der **Mohn**
die **Möh|re**, die Möhren
die **Mohr|rü|be**,
die Mohrrüben
Mol|da|wi|en
der **Mo|ment**, die Momente
Mo|na|co
der **Mo|nat**, die Monate
der **Mond**, die Monde
das **Mons|ter**,
die Monster

❗

Mittwoch/mittwochs

Großschreibung
der Mittwoch
am Mittwoch
am Mittwochmorgen

Kleinschreibung
mittwochs
mittwochabends

A
B
C
D
E
F
G
H
I
J
K
L
M
N
O
P
Q
R
S
T
U
V
W
X
Y
Z

A
B
C
D
E
F
G
H
I
J
K
L
M
N
O
P
Q
R
S
T
U
V
W
X
Y
Z

der **Mon|tag,** ❗

  die Montage

  mon|tags ❗

  Mon|te|ne|gro

  (auch: Mon|te|neg|ro)

das **Moor,** die Moore

das **Moos,** die Moose

  mor|gen ❗

der **Mor|gen,** ❗

  die Morgen

  mor|gens

die **Mo|sel** (Fluss)

der **Mos|lem,** die Moslems

  = Muslim

die **Mos|le|min,**

  die Mosleminnen

  = Muslima, Muslimin

  mos|le|misch

  = muslimisch

das **Mo|tiv,** die Motive

der **Mo|tor,** die Motoren

Montag/montags ❗

Großschreibung

der Montag

am Montag

am Montagmorgen

Kleinschreibung

montags

montagabends

Morgen/morgen ❗

Großschreibung

am Morgen

eines Morgens

heute Morgen

der Dienstagmorgen

Guten Morgen!

Kleinschreibung

morgen Abend

bis morgen

---

das **Mo|tor|rad,**

  die Motorräder

die **Mot|te,** die Motten

  mot|zen,

  sie motzt, sie motzte,

  sie hat gemotzt

die **Mö|we,** die Möwen

die **Mü|cke,** die Mücken

  mü|de,

  müder, am müdesten

die **Mü|dig|keit**

die **Mü|he,** die Mühen

sich **mü|hen,** er müht sich,

  er mühte sich,

  er hat sich gemüht

die **Müh|le,** die Mühlen

  müh|sam, mühsamer,

  am mühsamsten

der **Müll**
die **Müll|ab|fuhr**,
  die Müllabfuhren
die **Müll|ton|ne**,
  die Mülltonnen
die **Müll|tren|nung**
die **Mul|ti|pli|ka|ti|on**,
  die Multiplikationen
  mul|ti|pli|zie|ren,
  sie multipliziert,
  sie multiplizierte,
  sie hat multipliziert
die **Mu|mie**, die Mumien
  Mün|chen
  (Landeshauptstadt
  von Bayern)
der **Mund**, die Münder
  münd|lich
  mun|keln,
  er munkelt, er munkelte,
  er hat gemunkelt
  mun|ter, munterer,
  am muntersten
die **Mun|ter|keit**
die **Mün|ze**, die Münzen
die **Mü|ritz** (See)
die **Mur|mel**, die Murmeln
  mur|meln, sie murmelt,
  sie murmelte,
  sie hat gemurmelt
  mur|ren, er murrt,
  er murrte, er hat gemurrt

das (der) **Mus**, die Muse
die **Mu|schel**, die Muscheln
das **Mu|se|um**, die Museen
das **Mu|si|cal**, die Musicals
die **Mu|sik**
  mu|si|ka|lisch,
  musikalischer,
  am musikalischsten
der **Mus|kel**, die Muskeln
  mus|ku|lös,
  muskulöser,
  am muskulösesten
der **Mus|lim**, die Muslime
  = Moslem
die **Mus|li|ma**,
  die Muslimas
  (auch: die Muslimen)
  = Moslemin, Muslimin
die **Mus|li|min**,
  die Musliminnen
  = Moslemin, Muslima
  mus|li|misch
  = moslemisch
  müs|sen,
  sie muss, sie musste,
  sie hat gemusst
das **Mus|ter**, die Muster
der **Mut**
  mu|tig,
  mutiger, am mutigsten
die **Mut|ter**, die Mütter
die **Müt|ze**, die Mützen

N

nach
der **Nach|bar,**
　　die Nachbarn
die **Nach|ba|rin,**
　　die Nachbarinnen
　　nach|dem
　　nach Hau|se
　　(auch: nach|hau|se)
　　nach|her
der **Nach|mit|tag,** ❗
　　die Nachmittage
　　nach|mit|tags ❗
die **Nach|richt,**
　　die Nachrichten
　　nach|schla|gen,
　　er schlägt nach,
　　er schlug nach,
　　er hat nachgeschlagen
　　nächs|te, ❗
　　nächster

❗
nächste/Nächste

Kleinschreibung
das nächste Mal
der nächste Tag
in der nächsten Zeit

Groβschreibung
Wer ist der Nächste?

❗
**Nachmittag/
nachmittags**

Groβschreibung
am Nachmittag
eines Nachmittags
heute Nachmittag
der Dienstag-
nachmittag

Kleinschreibung
nachmittags
dienstagnachmittags

die **Nacht,** ❗
　　die Nächte
　　nachts ❗
der **Nach|wuchs**
　　nackt
die **Na|del,**
　　die Nadeln
der **Na|gel, die Nägel**
　　nah,
　　näher, am nächsten
die **Nä|he**
　　nä|hen,
　　sie näht,
　　sie nähte,
　　sie hat genäht
die **Nah|rung**
die **Naht, die Nähte**

der **Na|me**, die Namen
näm|lich
die **Nar|zis|se** (Blume),
die Narzissen
na|schen,
er nascht,
er naschte,
er hat genascht
die **Na|se**, die Nasen
das **Nas|horn**,
die Nashörner
nass,
nasser,
am nassesten
(auch: nässer,
am nässesten)
die **Näs|se**
die **Na|tur**

Nacht/nachts

Großschreibung
in der Nacht
eines Nachts
heute Nacht
es wird Nacht
Gute Nacht

Kleinschreibung
nachts
dienstagnachts
nächtlich

na|tür|lich,
natürlicher,
am natürlichsten
der **Ne|bel**, die Nebel
ne|ben
ne|ben|her
neb|lig
nebliger,
am nebligsten
der **Ne|ckar** (Fluss)
der **Nef|fe**, die Neffen
neh|men,
sie nimmt, sie nahm,
sie hat genommen
der **Neid**
nei|disch, neidischer,
am neidischsten
nein
der **Nek|tar**, die Nektare
die **Nek|ta|ri|ne**,
die Nektarinen
die **Nel|ke**, die Nelken
nen|nen,
sie nennt,
sie nannte,
sie hat genannt
ner|vös, nervöser,
am nervösesten
das **Nest**, die Nester
nett,
netter, am nettesten
das **Netz**, die Netze

A
B
C
D
E
F
G
H
I
J
K
L
M
N
O
P
Q
R
S
T
U
V
W
X
Y
Z

neu,
neuer,
am neuesten
die **Neu|gier|de**
neu|gie|rig,
neugieriger,
am neugierigsten
die **Neu|ig|keit,**
die Neuigkeiten
das **Neu|jahr,**
die Neujahre
neun ❗
neun|mal
neun|zehn
neun|zig
nicht
die **Nich|te,** die Nichten

---

neun/Neun ❗

Kleinschreibung
neun Jahre alt
es ist halb neun
neun mal vier

der neunjährige Junge
der 9-jährige Junge
neunmal
9-mal

Großschreibung
die Zahl Neun

---

nichts
ni|cken, er nickt,
er nickte,
er hat genickt
nie
nie|der
nie|der|ge|schla|gen,
niedergeschlagener,
am nieder-
geschlagensten
die **Nie|der|lan|de**
Nie|der|sach|sen
der **Nie|der|schlag,**
die Niederschläge
nied|lich,
niedlicher,
am niedlichsten
nied|rig, niedriger,
am niedrigsten
nie|mals
nie|mand
nie|man|den
die **Nie|re,** die Nieren
nie|seln,
es nieselt,
es nieselte,
es hat genieselt
nie|sen,
sie niest, sie nieste,
sie hat geniest
der **Ni|ko|laus,**
die Nikoläuse

das **Nil|pferd**,
die Nilpferde
nir|gends
nir|gend|wo
die **Ni|xe**
(Meerjungfrau),
die Nixen
noch
das **No|men** (Namenwort),
die Nomen
die **Non|ne**, die Nonnen
der **Nor|den**
nörd|lich,
nördlicher,
am nördlichsten
der **Nord|pol**
Nord|rhein-West|fa|len
die **Nord|see**
nor|mal,
normaler,
am normalsten
Nor|we|gen
die **Not**, die Nöte
die **No|te**, die Noten
no|tie|ren,
er notiert, er notierte,
er hat notiert
nö|tig, nötiger,
am nötigsten
die **No|tiz**, die Notizen
der **Not|ruf**,
die Notrufe

not|wen|dig,
notwendiger,
am notwendigsten
der **No|vem|ber**
die **Nu|del**, die Nudeln
null
die **Num|mer**,
die Nummern
num|me|rie|ren,
sie nummeriert,
sie nummerierte,
sie hat nummeriert
nun
nur
die **Nuss**, die Nüsse
nut|zen,
er nutzt,
er nutzte,
er hat genutzt
der **Nut|zen**, die Nutzen
nüt|zen,
es nützt,
es nützte,
es hat genützt
nütz|lich,
nützlicher,
am nützlichsten

O

die **Oa|se**, die Oasen
ob
ob|dach|los
oben
der **Ober**, die Ober
die **Ober|flä|che**,
die Oberflächen
das **Ober|teil**,
die Oberteile
das **Ob|jekt**
(Satzergänzung),
die Objekte
die **Ob|la|te**,
die Oblaten
das **Obst**
ob|wohl
der **Och|se**, die Ochsen
oder
die **Oder** (Fluss)
der **Ofen**, die Öfen
of|fen
die **Of|fen|heit**
öf|fent|lich
die **Öf|fent|lich|keit**
off|line
(Computerbegriff)
öff|nen,
sie öffnet,
sie öffnete,
sie hat geöffnet

die **Öff|nung**,
die Öffnungen
oft, öfter, am öftesten
oft|mals
oh|ne
ohn|mäch|tig
das **Ohr**, die Ohren
die **Ohr|fei|ge**,
die Ohrfeigen
der **Ohr|ring**,
die Ohrringe
o. k. (auch: O. K.,
Abkürzung für: okay)
der **Ok|to|ber**
das **Öl**, die Öle
die **Oli|ve**,
die Oliven
die **Olym|pi|a|de**,
die Olympiaden
die **Oma**, die Omas
der **Om|ni|bus**,
die Omnibusse
der **On|kel**, die Onkel
on|line
(Computerbegriff)
der **Opa**, die Opas
die **Oper**,
die Opern
die **Ope|ra|ti|on**,
die Operationen
die **Ope|ret|te**,
die Operetten

ope|rie|ren,
sie operiert,
sie operierte,
sie hat operiert

das **Op|fer**,
die Opfer

der **Op|ti|ker**,
die Optiker

die **Op|ti|ke|rin**,
die Optikerinnen

op|ti|mal

oran|ge

die **Oran|ge**,
die Orangen

die **Orang-Utan**,
die Orang-Utans

das **Or|ches|ter**,
die Orchester

der **Or|den**, die Orden

or|dent|lich,
ordentlicher,
am ordentlichsten

ord|nen,
er ordnet,
er ordnete,
er hat geordnet

der **Ord|ner**, die Ordner

die **Ord|nung**

or|ga|ni|sie|ren,
sie organisiert,
sie organisierte,
sie hat organisiert

der **Ori|ent**

sich **ori|en|tie|ren**,
sie orientiert sich,
sie orientierte sich,
sie hat sich orientiert

der **Or|kan** (Sturm),
die Orkane

der **Ort**, die Orte

der **Os|ten**

das **Os|ter|ei**,
die Ostereier

das **Os|tern**, die Ostern

Ös|ter|reich

öst|lich,
östlicher,
am östlichsten

die **Ost|see**

der **Ot|ter**, die Otter

oval (eirund)

der **Over|head|pro|jek|tor**,
die Overhead-
projektoren

das (der) **Ozon**

das **Ozon|loch**,
die Ozonlöcher

die **Ozon|schicht**

P

paar ❗
das **Paar**, die Paare ❗
das **Päck|chen**,
    die Päckchen
    pa|cken,
    sie packt, sie packte,
    sie hat gepackt
das **Pad|del**,
    die Paddel
das **Pa|ket**, die Pakete
die **Pal|me**, die Palmen
die **Pa|nik**, die Paniken
    pa|nisch
die **Pan|ne**, die Pannen
der **Pan|tof|fel**,
    die Pantoffeln
der **Pan|zer**, die Panzer
der **Pa|pa**, die Papas
der **Pa|pa|gei**,
    die Papageien
das **Pa|pier**, die Papiere
die **Pap|pe**, die Pappen
der (die) **Pa|pri|ka**
    (Frucht,
    auch: Pap|ri|ka),
    die Paprikas
der **Pa|pri|ka** (Gewürz,
    auch: Pap|ri|ka),
    die Paprikas
der **Papst**, die Päpste

---

paar/Paar ❗

Kleinschreibung
paar (mehrere)
ein paar Leute
ein paar Häuser weiter

Großschreibung
Paar (zwei)
ein Paar Socken
das Paar, das bald
heiratet

---

das **Pa|ra|dies**,
    die Paradiese
    pa|ral|lel
    (auch: par|al|lel)
das **Pa|ral|le|lo|gramm**
    (auch:
    Par|al|lel|lo|gramm),
    die Parallelogramme
das **Pär|chen**, die Pärchen
der **Par|cours**
    (Hindernisstrecke),
    die Parcours
der **Park**, die Parks
    par|ken,
    sie parkt, sie parkte,
    sie hat geparkt
der **Park|platz**,
    die Parkplätze

die **Par|tei**, die Parteien

das **Par|ter|re**
(Erdgeschoss),
die Parterres

der **Part|ner**, die Partner

die **Part|ne|rin**,
die Partnerinnen

die **Par|ty**, die Partys

der **Pass**, die Pässe

pas|sen,
es passt, es passte,
es hat gepasst

pas|send,
passender,
am passendsten

pas|sie|ren,
es passiert,
es passierte,
es ist passiert

der **Pas|tor**,
die Pastoren

die **Pas|to|rin**,
die Pastorinnen

der **Pa|te**, die Paten

der **Pa|ti|ent**,
die Patienten

die **Pa|ti|en|tin**,
die Patientinnen

die **Pa|tin**,
die Patinnen

die **Pau|se**,
die Pausen

der **PC** (Abkürzung für:
Personal Computer),
die PCs

das **Pech**

die **Pe|da|le**,
die Pedale

der **Pelz**, die Pelze

der **Pe|nis**,
die Penisse

die **Per|son**,
die Personen

per|sön|lich

pet|zen,
er petzt, er petzte,
er hat gepetzt

der **Pfad|fin|der**,
die Pfadfinder

die **Pfad|fin|de|rin**,
die Pfadfinderinnen

das **Pfand**, die Pfänder

die **Pfan|ne**,
die Pfannen

der **Pfar|rer**, die Pfarrer

die **Pfar|re|rin**,
die Pfarrerinnen

der **Pfau**, die Pfauen

der **Pfef|fer**

die **Pfei|fe**, die Pfeifen

pfei|fen,
sie pfeift, sie pfiff,
sie hat gepfiffen

der **Pfeil**, die Pfeile

A
B
C
D
E
F
G
H
I
J
K
L
M
N
O
P
Q
R
S
T
U
V
W
X
Y
Z

das **Pferd**, die Pferde

der **Pfiff**, die Pfiffe

das **Pfings|ten**,
die Pfingsten

der **Pfir|sich**,
die Pfirsiche

die **Pflan|ze**,
die Pflanzen
pflan|zen,
er pflanzt, er pflanzte,
er hat gepflanzt

das **Pflas|ter**,
die Pflaster

die **Pflau|me**,
die Pflaumen

die **Pfle|ge**
pfle|gen,
sie pflegt, sie pflegte,
sie hat gepflegt

der **Pfle|ger**,
die Pfleger

die **Pfle|ge|rin**,
die Pflegerinnen

die **Pflicht**, die Pflichten
pflü|cken,
er pflückt, er pflückte,
er hat gepflückt

der **Pflug**, die Pflüge
pflü|gen,
sie pflügt, sie pflügte,
sie hat gepflügt

die **Pfor|te**, die Pforten

die **Pfo|te**, die Pfoten

das **Pfund**, die Pfunde

die **Pfüt|ze**, die Pfützen

die **Phan|ta|sie**,
die Phantasien
= Fantasie

das **Pick|nick**,
die Picknicke
(auch: die Picknicks)
pie|pen,
es piept, es piepte,
es hat gepiept
pi|ken,
es pikt, es pikte,
es hat gepikt
= piksen
pik|sen,
es pikst, es pikste,
es hat gepikst
= piken

die **Pil|le**, die Pillen

der **Pi|lot**, die Piloten

die **Pi|lo|tin**,
die Pilotinnen

der **Pilz**, die Pilze

der **Pin|gu|in**,
die Pinguine

die **Pinn|wand**,
die Pinnwände

der **Pin|sel**, die Pinsel

der **Pi|rat**, die Piraten

die **Pi|ra|tin**, die Piratinnen

die **Piz|za**, die Pizzas
(auch: die Pizzen)
der **Pkw** (Abkürzung für:
Personenkraftwagen),
die Pkws
(auch: der PKW,
die PKWs)
das **Pla|kat**, die Plakate
der **Plan**, die Pläne
die **Pla|ne**, die Planen
pla|nen,
er plant, er plante,
er hat geplant
der **Pla|net**, die Planeten
das **Plas|tik**
die **Plas|tik|tü|te**,
die Plastiktüten
die **Plat|te**, die Platten
der **Platz**, die Plätze
das **Plätz|chen**,
die Plätzchen
plat|zen,
es platzt, es platzte,
es ist geplatzt
plötz|lich
plump,
plumper, am plumpsten
der **Plu|ral** (Mehrzahl),
die Plurale
der **Po**, die Pos
die **Poin|te** (überraschender
Schluss), die Pointen

der **Po|kal**, die Pokale
Po|len
die **Po|li|zei**
der **Po|li|zist**,
die Polizisten
die **Po|li|zis|tin**,
die Polizistinnen
das **Pols|ter**, die Polster
pol|tern,
es poltert, es polterte,
es hat gepoltert
die **Pommes frites**
das **Po|ny**, die Ponys
der **Pool** (Schwimmbecken),
die Pools
das **Porte|mon|naie**,
die Portemonnaies
= Portmonee
das **Port|mo|nee**,
die Portmonees
= Portemonnaie
Por|tu|gal
die **Post**
Pots|dam
(Landeshauptstadt
von Brandenburg)
die **Pracht**
präch|tig, prächtiger,
am prächtigsten
das **Prä|di|kat**
(Satzaussage),
die Prädikate

A
B
C
D
E
F
G
H
I
J
K
L
M
N
O
P
Q
R
S
T
U
V
W
X
Y
Z

prah|len,
sie prahlt, sie prahlte,
sie hat geprahlt
prak|tisch,
praktischer,
am praktischsten
die **Pran|ke,** die Pranken
die **Prä|rie,** die Prärien
pras|seln,
es prasselt,
es prasselte,
es hat geprasselt
die **Pra|xis,** die Praxen
die **Pre|digt,** die Predigten
der **Preis,** die Preise
pres|sen,
er presst, er presste,
er hat gepresst
der **Pries|ter,** die Priester
die **Pries|te|rin,**
die Priesterinnen
pri|ma
der **Prinz,** die Prinzen
die **Prin|zes|sin,**
die Prinzessinnen
das **Pris|ma,** die Prismen
pri|vat
pro (für)
die **Pro|be,** die Proben
pro|ben,
sie probt, sie probte,
sie hat geprobt

pro|bie|ren,
er probiert,
er probierte,
er hat probiert
das **Pro|blem**
(auch: Prob|lem),
die Probleme
pro|ble|ma|tisch
(auch: prob|le|ma|tisch),
problematischer,
am problematischsten
das **Pro|dukt,**
die Produkte
der **Pro|fes|sor,**
die Professoren
die **Pro|fes|so|rin,**
die Professorinnen
der **Pro|fi** (Fachmann),
die Profis
das **Pro|gramm,**
die Programme
pro|gram|mie|ren,
sie programmiert,
sie programmierte,
sie hat programmiert
das **Pro|jekt** (Vorhaben),
die Projekte
das **Pro|no|men** (Fürwort),
die Pronomen
der **Pro|pel|ler,**
die Propeller
der **Pro|vi|ant**

das **Pro|zent**,
die Prozente
der **Pro|zess**,
die Prozesse
prü|fen,
sie prüft,
sie prüfte,
sie hat geprüft
die **Prü|fung**,
die Prüfungen
prus|ten,
er prustet,
er prustete,
er hat geprustet
die **Pu|ber|tät**
das **Pu|bli|kum**
(auch: Pub|li|kum)
der **Puck**, die Pucks
der **Pud|ding**,
die Puddings
der **Pu|del**, die Pudel
pu|del|nass
pu|del|wohl
der **Pul|li**, die Pullis
der **Pul|lo|ver**
(auch: Pull|o|ver),
die Pullover
der **Puls**, die Pulse
das **Pult**, die Pulte
das **Pul|ver**, die Pulver
die **Pum|pe**,
die Pumpen

pum|pen,
er pumpt, er pumpte,
er hat gepumpt
der **Punkt**, die Punkte
pünkt|lich,
pünktlicher,
am pünktlichsten
die **Pünkt|lich|keit**
die **Pu|pil|le**,
die Pupillen
das **Püpp|chen**,
die Püppchen
die **Pup|pe**, die Puppen
pur (rein, unverfälscht)
das **Pü|ree**, die Pürees
pur|zeln,
es purzelt,
es purzelte,
es ist gepurzelt
pus|ten,
sie pustet, sie pustete,
sie hat gepustet
put|zen,
er putzt, er putzte,
er hat geputzt
das **Puz|zle**, die Puzzles
die **Py|ra|mi|de**,
die Pyramiden

Q

der **Qua|der**, die Quader

das **Qua|drat**
(auch: Quad|rat),
die Quadrate
qua|dra|tisch
(auch: quad|ra|tisch)
qua|ken,
sie quakt, sie quakte,
sie hat gequakt

die **Qual**, die Qualen
quä|len,
er quält, er quälte,
er hat gequält

die **Quä|le|rei**,
die Quälereien

die **Qua|li|fi|ka|ti|on**,
die Qualifikationen

die **Qua|li|tät**,
die Qualitäten

die **Qual|le**, die Quallen

der **Qualm**
qual|men,
es qualmt, es qualmte,
es hat gequalmt

der **Quark**

das **Quar|tett**,
die Quartette

das **Quar|tier**
(Unterkunft),
die Quartiere

quas|seln,
er quasselt,
er quasselte,
er hat gequasselt

der **Quatsch**
quat|schen,
sie quatscht,
sie quatschte,
sie hat gequatscht

die **Quel|le**, die Quellen
quen|geln,
er quengelt,
er quengelte,
er hat gequengelt
quer
quet|schen,
sie quetscht,
sie quetschte,
sie hat gequetscht
quie|ken,
er quiekt, er quiekte,
er hat gequiekt
quiet|schen,
es quietscht,
es quietschte,
es hat gequietscht

der **Quirl**, die Quirle

die **Quit|tung**,
die Quittungen

das **Quiz**, die Quiz

R

der **Ra|be**,
   die Raben
die **Ra|che**
der **Ra|chen**,
   die Rachen
sich **rä|chen**,
   er rächt sich,
   er rächte sich,
   er hat sich gerächt
das **Rad**, die Räder
   ra|deln,
   sie radelt,
   sie radelte,
   sie ist geradelt
der **Rad|fah|rer**,
   die Radfahrer
die **Rad|fah|re|rin**,
   die Radfahrerinnen
der **Ra|dier|gum|mi**,
   die Radiergummis
das **Ra|dies|chen**,
   die Radieschen
das **Ra|dio**,
   die Radios
der **Ra|di|us**,
   die Radien
der **Rah|men**,
   die Rahmen
die **Ra|ke|te**,
   die Raketen

die **Ram|pe**, die Rampen
der **Rand**, die Ränder
   ra|scheln,
   es raschelt,
   es raschelte,
   es hat geraschelt
   ra|sen, er rast,
   er raste,
   er ist gerast
der **Ra|sen**, die Rasen
die **Ras|sel**,
   die Rasseln
   ras|seln,
   es rasselt, es rasselte,
   es hat gerasselt
der **Rat**
   ra|ten,
   sie rät, sie riet,
   sie hat geraten
das **Rät|sel**, die Rätsel
die **Rat|te**, die Ratten
der **Raub**, die Raube
   rau|ben,
   er raubt, er raubte,
   er hat geraubt
der **Räu|ber**, die Räuber
das **Raub|tier**,
   die Raubtiere
der **Rauch**
   rau|chen, es raucht,
   es rauchte,
   es hat geraucht

A
B
C
D
E
F
G
H
I
J
K
L
M
N
O
P
Q
R
S
T
U
V
W
X
Y
Z

rauf

die **Rau|fe|rei**,
die Raufereien

der **Raum**, die Räume

räu|men,
sie räumt,
sie räumte,
sie hat geräumt

die **Raum|sta|ti|on**,
die Raumstationen

die **Rau|pe**, die Raupen

der **Rau|reif**

raus

rau|schen,
es rauscht,
es rauschte,
es hat gerauscht

sich **räus|pern**,
sie räuspert sich,
sie räusperte sich,
sie hat sich
geräuspert

die **Re|al|schu|le**,
die Realschulen

re|cher|chie|ren,
er recherchiert,
er recherchierte,
er hat recherchiert

rech|nen,
sie rechnet,
sie rechnete,
sie hat gerechnet

---

recht/Recht !

Kleinschreibung
das geschieht ihm
recht
jetzt erst recht
so ist es recht
recht haben
recht bekommen

Großschreibung
im Recht sein

---

recht !

das **Recht**, die Rechte !

das **Recht|eck**,
die Rechtecke

rechts

das **Re|cy|cling**
(auch: Re|cyc|ling)

die **Re|dak|ti|on**,
die Redaktionen

die **Re|de**, die Reden

re|den,
er redet, er redete,
er hat geredet

das **Re|fe|rat** (Vortrag),
die Referate

der **Re|flek|tor**
(Rückstrahler),
die Reflektoren

der **Re**|**frain**
(auch: Ref|rain),
die Refrains

das **Re**|**gal**,
die Regale

die **Re**|**gel**,
die Regeln
re|**gel**|**mä**|**βig**,
regelmäßiger,
am regelmäßigsten

der **Re**|**gen**

die **Re**|**gen**|**wol**|**ke**,
die Regenwolken

der **Re**|**gen**|**wurm**,
die Regenwürmer
reg|**nen**,
es regnet,
es regnete,
es hat geregnet

das **Reh**, die Rehe
reich,
reicher, am reichsten
rei|**chen**,
es reicht,
es reichte,
es hat gereicht

der **Reich**|**tum**,
die Reichtümer
reif,
reifer, am reifesten

der **Rei**|**fen**, die Reifen

die **Rei**|**he**, die Reihen

die **Rei**|**hen**|**fol**|**ge**,
die Reihenfolgen
reih|**um**

der **Reim**, die Reime

sich **rei**|**men**,
es reimt sich,
es reimte sich,
es hat sich gereimt
rein,
reiner, am reinsten
rein|**ge**|**hen**,
sie geht rein,
sie ging rein,
sie ist reingegangen

der **Reis**

die **Rei**|**se**, die Reisen
rei|**sen**,
er reist, er reiste,
er ist gereist
rei|**βen**,
sie reißt, sie riss,
sie hat gerissen
rei|**ten**,
er reitet, er ritt,
er ist geritten

der **Rei**|**ter**, die Reiter

die **Rei**|**te**|**rin**,
die Reiterinnen

die **Re**|**kla**|**me**
(Werbung),
die Reklamen

der **Rek**|**tor**, die Rektoren

A
B
C
D
E
F
G
H
I
J
K
L
M
N
O
P
Q
R
S
T
U
V
W
X
Y
Z

die **Rek|to|rin**,
die Rektorinnen
die **Re|li|gi|on**,
die Religionen
ren|nen,
sie rennt,
sie rannte,
sie ist gerannt
das **Ren|nen**, die Rennen
das **Ren|tier**,
die Rentiere
die **Re|pa|ra|tur**,
die Reparaturen
re|pa|rie|ren,
er repariert,
er reparierte,
er hat repariert
die **Re|pu|blik**
(auch: Re|pub|lik),
die Republiken
das **Re|qui|sit**,
die Requisiten
die **Re|ser|ve** (Vorrat),
die Reserven
der **Rest**, die Reste
das **Res|tau|rant**
(auch: Re|stau|rant),
die Restaurants
der **Rest|müll**
ret|ten, sie rettet,
sie rettete,
sie hat gerettet

die **Reue**
das **Re|zept**, die Rezepte
der **Rha|bar|ber**
(Pflanze)
der **Rhein** (Fluss)
Rhein|land-Pfalz
rich|tig
die **Rich|tung**,
die Richtungen
rie|chen,
es riecht, es roch,
es hat gerochen
der **Rie|men**, die Riemen
der **Rie|se**, die Riesen
rie|sig,
riesiger, am riesigsten
das **Rind**, die Rinder
die **Rin|de**, die Rinden
der **Ring**, die Ringe
der **Riss**, die Risse
der **Rit|ter**, die Ritter
die **Rob|be**, die Robben
der **Ro|bo|ter**,
die Roboter
der **Rock**, die Röcke
ro|deln,
er rodelt, er rodelte,
er ist gerodelt
der **Rog|gen**
roh
die **Roh|kost**
das **Rohr**, die Rohre

die **Röh|re**, die Röhren
die **Rol|le**, die Rollen
   rol|len,
   sie rollt, sie rollte,
   sie ist gerollt
   (auch: sie hat gerollt)
der **Rol|ler**, die Roller
   ro|sa
die **Ro|se**, die Rosen
die **Ro|si|ne**, die Rosinen
der **Rost**
   ros|ten,
   es rostet, es rostete,
   es hat gerostet
   rös|ten,
   er röstet, er röstete,
   er hat geröstet
   ros|tig, rostiger,
   am rostigsten
   rot, ❗
   röter, am rötesten
   (auch: roter,
   am rotesten)
der **Rot|fuchs**,
   die Rotfüchse
das **Rot|kehl|chen**
   (Vogel),
   die Rotkehlchen
   rü|cken,
   sie rückt, sie rückte,
   sie ist gerückt
   (auch: sie hat gerückt)

der **Rü|cken**, die Rücken
der **Ruck|sack**,
   die Rucksäcke
die **Rück|sicht**,
   die Rücksichten
der **Rück|strah|ler**,
   die Rückstrahler
   rück|wärts
   ru|fen,
   sie ruft, sie rief,
   sie hat gerufen
die **Ru|he**
   ru|hen,
   sie ruht, sie ruhte,
   sie hat geruht

❗

rot/Rot

Kleinschreibung
mein T-Shirt ist rot
mein rotes T-Shirt
rot kariert
rot gestreift
rothaarig
dunkelrot
tomatenrot

Großschreibung
das Rot der Tomate
ein feuriges Rot
die Ampel steht auf
Rot

A
B
C
D
E
F
G
H
I
J
K
L
M
N
O
P
Q
R
S
T
U
V
W
X
Y
Z

ru|hig,
ruhiger, am ruhigsten
rüh|ren,
sie rührt, sie rührte,
sie hat gerührt
die **Ru|i|ne**, die Ruinen
Ru|mä|ni|en
rum|peln,
es rumpelt,
es rumpelte,
es hat gerumpelt
rund
die **Ru|ne**
(altes Schriftzeichen),
die Runen
run|ter
Russ|land
die **Rüs|tung**,
die Rüstungen
die **Rut|sche**,
die Rutschen
rut|schen,
sie rutscht,
sie rutschte,
sie ist gerutscht
rüt|teln,
er rüttelt,
er rüttelte,
er hat gerüttelt

S

der **Saal**, die Säle
die **Saa|le** (Fluss)
die **Saar** (Fluss)
Saar|brü|cken
(Landeshauptstadt
des Saarlandes)
Saar|land
die **Saat**
das **Sach|buch**,
die Sachbücher
die **Sa|che**,
die Sachen
sach|lich,
sachlicher,
am sachlichsten
Sach|sen
Sach|sen-An|halt
der **Sack**, die Säcke
sä|en,
sie sät, sie säte,
sie hat gesät
der **Saft**, die Säfte
saf|tig,
saftiger,
am saftigsten
die **Sä|ge**, die Sägen
sa|gen,
er sagt,
er sagte,
er hat gesagt

sä|gen,
sie sägt, sie sägte,
sie hat gesägt
sa|gen|haft
die **Sah|ne**
sah|nig
die **Sai|te**
(des Musikinstruments),
die Saiten
der **Sa|lat**, die Salate
der **Sal|to**, die Saltos
(auch: die Salti)
das **Salz**, die Salze
sal|zig,
salziger,
am salzigsten
der **Sa|men,**
die Samen
sam|meln,
er sammelt,
er sammelte,
er hat gesammelt
die **Samm|lung,**
die Sammlungen
der **Sams|tag,**
die Samstage
sams|tags
der **Sand**, die Sande
die **San|da|le,**
die Sandalen
der **Sand|dorn**
(Pflanze)

san|dig,
sandiger,
am sandigsten
sanft,
sanfter, am sanftesten
der **Sän|ger**, die Sänger
die **Sän|ge|rin,**
die Sängerinnen
San Ma|ri|no
die **Sar|di|ne,**
die Sardinen
der **Sarg**, die Särge
der **Sa|tel|lit,**
die Satelliten
satt,
satter, am sattesten
der **Sat|tel**, die Sättel
sat|teln,
sie sattelt,
sie sattelte,
sie hat gesattelt

Samstag/samstags

Großschreibung
der Samstag
am Samstag
am Samstagmorgen

Kleinschreibung
samstags
samstagabends

der **Satz**, die Sätze
sau|ber,
sauberer,
am saubersten
die **Sau|ce**, die Saucen
= Soße
sau|er,
saurer, am sauersten
der **Sau|er|stoff**
säu|gen,
er säugt, er säugte,
er hat gesäugt
das **Säu|ge|tier**,
die Säugetiere
der **Säug|ling**,
die Säuglinge
der **Sau|ri|er**, die Saurier
sau|sen,
sie saust,
sie sauste,
sie ist gesaust
der **Scan|ner**,
die Scanner
scha|ben,
er schabt,
er schabte,
er hat geschabt
der **Scha|ber**,
die Schaber
die **Scha|blo|ne**
(auch: Schab|lo|ne),
die Schablonen

die **Schach|tel**,
die Schachteln
scha|den,
es schadet,
es schadete,
es hat geschadet
der **Scha|den**,
die Schäden
schäd|lich,
schädlicher,
am schädlichsten
der **Schäd|ling**,
die Schädlinge
das **Schaf**, die Schafe
der **Schä|fer**, die Schäfer
schaf|fen,
sie schafft,
sie schaffte,
sie hat geschafft
der **Schal**, die Schals
die **Scha|le**, die Schalen
der **Schall**,
die Schalle
(auch: die Schälle)
schal|ten,
er schaltet,
er schaltete,
er hat geschaltet
sich **schä|men**,
sie schämt sich,
sie schämte sich,
sie hat sich geschämt

das **Schar|bocks|kraut**,
    die Scharbockskräuter
    scharf,
    schärfer,
    am schärfsten
die **Schär|fe**,
    die Schärfen
der **Schat|ten**,
    die Schatten
der **Schatz**, die Schätze
    schau|en,
    er schaut,
    er schaute,
    er hat geschaut
der **Schau|er**,
    die Schauer
die **Schau|kel**,
    die Schaukeln
    schau|keln,
    sie schaukelt,
    sie schaukelte,
    sie hat geschaukelt
der **Schaum**,
    die Schäume
    schäu|men,
    es schäumt,
    es schäumte,
    es hat geschäumt
der **Schau|spie|ler**,
    die Schauspieler
die **Schau|spie|le|rin**,
    die Schauspielerinnen

die **Schei|be**,
    die Scheiben
die **Schei|de**,
    die Scheiden
    schei|nen,
    er scheint, er schien,
    er hat geschienen
der **Schein|wer|fer**,
    die Scheinwerfer
    schen|ken,
    sie schenkt,
    sie schenkte,
    sie hat geschenkt
die **Scher|be**,
    die Scherben
die **Sche|re**, die Scheren
der **Scherz**, die Scherze
    scher|zen,
    er scherzt,
    er scherzte,
    er hat gescherzt
    scheu,
    scheuer,
    am scheuesten
die **Scheu|ne**,
    die Scheunen
    scheuß|lich,
    scheußlicher,
    am scheußlichsten
der **Schi**, die Schier
    (auch: die Schi) = Ski
die **Schicht**, die Schichten

schi|cken,
sie schickt, sie schickte,
sie hat geschickt
schie|ben,
er schiebt, er schob,
er hat geschoben
der **Schieds|rich|ter,**
die Schiedsrichter
schief,
schiefer, am schiefsten
die **Schie|fer|ta|fel,**
die Schiefertafeln
die **Schie|ne,**
die Schienen
schie|ßen,
sie schießt,
sie schoss,
sie hat geschossen
das **Schiff,** die Schiffe
das **Schild,**
(Verkehrsschild),
die Schilder
der **Schild** (Schutz),
die Schilde
die **Schild|krö|te,**
die Schildkröten
der **Schim|pan|se,**
die Schimpansen
schimp|fen,
er schimpft,
er schimpfte,
er hat geschimpft

der **Schirm,** die Schirme
schla|fen,
sie schläft, sie schlief,
sie hat geschlafen
der **Schlag,** die Schläge
schla|gen,
er schlägt, er schlug,
er hat geschlagen
das **Schlag|zeug,**
die Schlagzeuge
der **Schlamm,**
die Schlamme
(auch: die Schlämme)
schlam|mig
die **Schlan|ge,**
die Schlangen
schlapp,
schlapper,
am schlappsten
schlau,
schlauer,
am schlausten
der **Schlauch,**
die Schläuche
schlecht,
schlechter,
am schlechtesten
schlei|chen,
sie schleicht,
sie schlich,
sie ist geschlichen
die **Schlei|fe,** die Schleifen

schlen|dern,
er schlendert,
er schlenderte,
er ist geschlendert
schlep|pen,
sie schleppt,
sie schleppte,
sie hat geschleppt
Schles|wig-Hol|stein
die Schleu|der,
die Schleudern
schleu|dern,
er schleudert,
er schleuderte,
er hat geschleudert
die Schleu|se,
die Schleusen
schlie|ßen,
sie schließt,
sie schloss,
sie hat geschlossen
schließ|lich
schlimm,
schlimmer,
am schlimmsten
die Schlin|ge,
die Schlingen
schlin|gen,
er schlingt,
er schlang,
er hat geschlungen
der Schlit|ten, die Schlitten

der Schlitt|schuh,
die Schlittschuhe
der Schlitz, die Schlitze
das Schloss,
die Schlösser
schlot|tern,
sie schlottert,
sie schlotterte,
sie hat geschlottert
die Schlucht,
die Schluchten
der Schluck,
die Schlucke
schlu|cken,
er schluckt,
er schluckte,
er hat geschluckt
schlüp|fen,
sie schlüpft,
sie schlüpfte,
sie ist geschlüpft
der Schluss,
die Schlüsse
der Schlüs|sel,
die Schlüssel
schmal,
schmaler,
am schmalsten
schme|cken,
es schmeckt,
es schmeckte,
es hat geschmeckt

der **Schmerz,**
die Schmerzen

der **Schmet|ter|ling,**
die Schmetterlinge

schmie|ren, er schmiert,
er schmierte,
er hat geschmiert

die **Schmin|ke,**
die Schminken

schmol|len,
sie schmollt,
sie schmollte,
sie hat geschmollt

der **Schmuck**

schmü|cken,
er schmückt,
er schmückte,
er hat geschmückt

schmug|geln,
sie schmuggelt,
sie schmuggelte,
sie hat geschmuggelt

der **Schmugg|ler,**
die Schmuggler

schmun|zeln,
er schmunzelt,
er schmunzelte,
er hat geschmunzelt

der **Schmutz**

schmut|zig,
schmutziger,
am schmutzigsten

der **Schna|bel,**
die Schnäbel

schnau|ben,
sie schnaubt,
sie schnaubte,
sie hat geschnaubt

die **Schnau|ze,**
die Schnauzen

die **Schne|cke,**
die Schnecken

das **Schne|cken|tem|po**

der **Schnee**

die **Schnee|flo|cke,**
die Schneeflocken

das **Schnee|glöck|chen**
(Blume),
die Schneeglöckchen

schnei|den,
er schneidet, er schnitt,
er hat geschnitten

der **Schnei|de|zahn,**
die Schneidezähne

schnei|en,
es schneit, es schneite,
es hat geschneit

schnell,
schneller,
am schnellsten

das **Schnit|zel** (Fleisch),
die Schnitzel

der **Schnit|zel** (Stückchen),
die Schnitzel

schnit|zen,
sie schnitzt,
sie schnitzte,
sie hat geschnitzt
der **Schnor|chel,**
die Schnorchel
schnüf|feln,
er schnüffelt,
er schnüffelte,
er hat geschnüffelt
der **Schnup|fen,**
die Schnupfen
die **Schnur,** die Schnüre
schnü|ren,
sie schnürt,
sie schnürte,
sie hat geschnürt
schnur|ren,
er schnurrt,
er schnurrte,
er hat geschnurrt
schnur|stracks
der **Schock,** die Schocks
(auch: die Schocke)
die **Scho|ko|la|de,**
die Schokoladen
die **Schol|le,**
die Schollen
schon
schön,
schöner,
am schönsten

schöp|fen,
sie schöpft,
sie schöpfte,
sie hat geschöpft
der **Schorn|stein,**
die Schornsteine
schräg, schräger,
am schrägsten
der **Schrank,**
die Schränke
die **Schran|ke,**
die Schranken
schrau|ben,
sie schraubt,
sie schraubte,
sie hat geschraubt
der **Schreck,**
die Schrecken
schreck|lich,
schrecklicher,
am schrecklichsten
schrei|ben,
er schreibt,
er schrieb,
er hat geschrieben
schrei|en,
sie schreit, sie schrie,
sie hat geschrien
die **Schrift,**
die Schriften
der **Schrift|stel|ler,**
die Schriftsteller

A
B
C
D
E
F
G
H
I
J
K
L
M
N
O
P
Q
R
S
T
U
V
W
X
Y
Z

A
B
C
D
E
F
G
H
I
J
K
L
M
N
O
P
Q
R
S
T
U
V
W
X
Y
Z

die **Schrift|stel|le|rin**,
die Schriftstellerinnen
der **Schritt**, die Schritte
die **Schub|kar|re**,
die Schubkarren
schüch|tern,
schüchterner,
am schüchternsten
der **Schuh**, die Schuhe
der **Schul|bus**,
die Schulbusse
die **Schuld**, 🛈
die Schulden
schul|dig
die **Schu|le**, die Schulen
der **Schü|ler**, die Schüler
die **Schü|le|rin**,
die Schülerinnen
der **Schul|hof**,
die Schulhöfe

Schuld/schuld　　❗

Großschreibung
Schuld haben
das war meine Schuld
die Schuldgefühle

Kleinschreibung
schuld sein
du bist nicht schuld
daran

---

der **Schul|ran|zen**,
die Schulranzen
die **Schul|ter**, die Schultern
schum|meln,
er schummelt,
er schummelte,
er hat geschummelt
schun|keln,
sie schunkelt,
sie schunkelte,
sie hat geschunkelt
die **Schup|pe**,
die Schuppen
die **Schür|ze**, die Schürzen
der **Schuss**, die Schüsse
die **Schüs|sel**,
die Schüsseln
der **Schutt**
schüt|teln,
er schüttelt,
er schüttelte,
er hat geschüttelt
schüt|ten,
sie schüttet,
sie schüttete,
sie hat geschüttet
der **Schutz**
schüt|zen,
er schützt, er schützte,
er hat geschützt
der **Schütz|ling**,
die Schützlinge

schutz|los,
schutzloser,
am schutzlosesten

die **Schwä|bi|sche Alb**
(Gebirge)

schwach, schwächer,
am schwächsten

der **Schwach|sinn**

die **Schwal|be**,
die Schwalben

der **Schwamm**,
die Schwämme

der **Schwan**,
die Schwäne

schwan|ger

die **Schwan|ger|schaft**,
die Schwangerschaften

der **Schwanz**,
die Schwänze

der **Schwarm**,
die Schwärme

schwarz,
schwärzer,
am schwärzesten

der **Schwarz|wald**
(Gebirge)

schwe|ben,
sie schwebt,
sie schwebte,
sie ist geschwebt
(auch: sie hat
geschwebt)

Schwe|den

der **Schweif**, die Schweife

schwei|gen,
er schweigt,
er schwieg,
er hat geschwiegen

das **Schwein**,
die Schweine

die **Schwei|ne|rei**,
die Schweinereien

der **Schweiß**

schweiß|ge|ba|det

Schweiz

die **Schwel|le**,
die Schwellen

schwer,
schwerer,
am schwersten

---

schwarz/Schwarz

Kleinschreibung
die Hose ist schwarz
die schwarze Hose
schwarz gestreift
schwarzhaarig
schwarz auf weiß

Großschreibung
das Schwarz der
Kohle
ins Schwarze treffen

A
B
C
D
E
F
G
H
I
J
K
L
M
N
O
P
Q
R
S
T
U
V
W
X
Y
Z

A
B
C
D
E
F
G
H
I
J
K
L
M
N
O
P
Q
R
S
T
U
V
W
X
Y
Z

Schwe|rin
(Landeshauptstadt
von Mecklenburg-
Vorpommern)
der **Schwe|ri|ner See**
das **Schwert**, die Schwerter
die **Schwes|ter**,
die Schwestern
schwie|rig,
schwieriger,
am schwierigsten
die **Schwie|rig|keit**,
die Schwierigkeiten
schwim|men,
sie schwimmt,
sie schwamm,
sie ist geschwommen
(auch: sie hat
geschwommen)
der **Schwin|del**
schwin|del|frei
schwin|gen,
er schwingt,
er schwang,
er hat geschwungen
schwit|zen,
sie schwitzt,
sie schwitzte,
sie hat geschwitzt
schwö|ren,
er schwört, er schwor,
er hat geschworen

> **!**
>
> **sechs/Sechs**
>
> **Kleinschreibung**
> sechs Jahre alt
> es ist halb sechs
> sechs mal vier
>
> der sechsjährige
> Junge
> der 6-jährige Junge
> sechsmal
> 6-mal
>
> **Großschreibung**
> die Zahl Sechs
> eine Sechs schreiben
> eine Sechs im
> Zeugnis

sechs **!**
das **Sechs|eck**,
die Sechsecke
sech|zehn
sech|zig
der **See** (großer Teich),
die Seen
die **See** (Meer)
der **See|hund**,
die Seehunde
der **See|le|o|pard**,
die Seeleoparden

das **Se|gel**, die Segel
   se|geln,
   sie segelt, sie segelte,
   sie ist gesegelt
das **Se|gel|schiff**,
   die Segelschiffe
   se|hen,
   er sieht, er sah,
   er hat gesehen
die **Se|hens|wür|dig|keit**,
   die Sehenswürdigkeiten
   sehr
ihr **seid**
die **Sei|fe**, die Seifen
die **Sei|fen|bla|se**,
   die Seifenblasen
das **Seil**, die Seile
   sein,
   es ist, es war,
   es ist gewesen
   sein
   sei|ne
   sei|nem
   sei|nen
   sei|ner
   sei|nes
   seit
   seit|dem
die **Sei|te** (des Buches),
   die Seiten
die **Se|kun|de**,
   die Sekunden

sel|ber
selbst
selb|stän|dig
= selbstständig
der **Selbst|laut**,
   die Selbstlaute
selbst|stän|dig
= selbständig
sel|ten,
seltener,
am seltensten
selt|sam,
seltsamer,
am seltsamsten
sen|den,
er sendet, er sendete
(auch: er sandte),
er hat gesendet
(auch: er hat gesandt)
die **Sen|dung**,
   die Sendungen
der **Senf**, die Senfe
der **Sep|tem|ber**
   Ser|bi|en
die **Ser|vi|et|te**,
   die Servietten
der **Ses|sel**, die Sessel
sich **set|zen**,
   er setzt sich,
   er setzte sich,
   er hat sich gesetzt
   sich

	si|**cher**,
	sicherer,
	am sichersten
die	**Si**|**cher**|**heit**
die	**Sicht**,
	die Sichten
	sicht|**bar**
	sie
das	**Sieb**,
	die Siebe
	sie|**ben**,
	sie siebt,
	sie siebte,
	sie hat gesiebt
	sie|**ben** ❗
	sie|**ben**|**mal**

---

sieben/Sieben ❗

Kleinschreibung
sieben Jahre alt
es ist halb sieben
sieben mal vier

der siebenjährige
Junge
der 7-jährige Junge
siebenmal
7-mal

Großschreibung
die Zahl Sieben

---

der	**Sie**|**ben**|**schlä**|**fer**,
	die Siebenschläfer
	sieb|**zehn**
	sieb|**zig**
der	**Sied**|**ler**,
	die Siedler
die	**Sied**|**le**|**rin**,
	die Siedlerinnen
die	**Sied**|**lung**,
	die Siedlungen
	sie|**gen**,
	er siegt,
	er siegte,
	er hat gesiegt
der	**Sie**|**ger**,
	die Sieger
die	**Sie**|**ge**|**rin**,
	die Siegerinnen
das	**Sig**|**nal**
	(auch: Si|gnal),
	die Signale
die	**Sil**|**be**,
	die Silben
das	**Sil**|**ber**
	sil|**bern**
das (der)	**Sil**|**ves**|**ter**
	(31. Dezember),
	die Silvester
sie	**sind**
	sin|**gen**,
	sie singt, sie sang,
	sie hat gesungen

der **Sin|gu|lar** (Einzahl),
die Singulare
sin|ken,
es sinkt,
es sank,
es ist gesunken
der **Sinn**, die Sinne
der **Si|rup**,
die Sirupe
(auch: die Sirups)
die **Si|tu|a|ti|on**,
die Situationen
sit|zen,
er sitzt, er saß,
er hat gesessen
(auch: er ist
gesessen)
die **Ska|la**
(Maßeinteilung),
die Skalen
das **Skate|board**,
die Skateboards
das **Ske|lett**,
die Skelette
der **Ski**, die Skier
(auch: die Ski) = Schi
die **Skiz|ze**,
die Skizzen
skiz|zie|ren,
sie skizziert,
sie skizzierte,
sie hat skizziert

der **Sla|lom**,
die Slaloms
Slo|wa|kei
Slo|we|ni|en
die **SMS** (kurze Nachricht
beim Handy)
so
die **So|cke**,
die Socken
so|dass
(auch: so dass)
das **So|fa**, die Sofas
so|fort
die **Soft|ware**
(Computerprogramm)
so|gar
so|ge|nannt
(auch: so ge|nannt)
die **Soh|le**,
die Sohlen
der **Sohn**, die Söhne
die **So|lar|ener|gie**
(Sonnenenergie)
die **So|lar|zel|le**,
die Solarzellen
sol|che
sol|len,
er soll,
er sollte,
er hat gesollt
der **Som|mer**,
die Sommer

son|dern

der **Sonn|abend**, ❗
die Sonnabende
sonn|abends

die **Son|ne**,
die Sonnen

die **Son|nen|fins|ter|nis**,
die Sonnenfinsternisse

der **Son|nen|kol|lek|tor**,
die Sonnenkollektoren

das **Son|nen|sys|tem**,
die Sonnensysteme

son|nig,
sonniger,
am sonnigsten

der **Sonn|tag**, ❗
die Sonntage

sonn|tags ❗

sonst

die **Sor|ge**,
die Sorgen

❗
Sonntag/sonntags

Großschreibung
der Sonntag
am Sonntag
am Sonntagmorgen

Kleinschreibung
sonntags
sonntagabends

❗
**Sonnabend/
sonnabends**

Großschreibung
der Sonnabend
am Sonnabend
am Sonnabend-
morgen

Kleinschreibung
sonnabends
sonnabendmorgens

sich **sor|gen**,
sie sorgt sich,
sie sorgte sich,
sie hat sich gesorgt

die **Sor|te**, die Sorten

sor|tie|ren,
er sortiert, er sortierte,
er hat sortiert

die **So|ße**, die Soßen
= Sauce

so|viel
(soviel ich weiß)

so viel
(so viel Spaß)

die **Spa|get|ti**
= Spaghetti

die **Spa|ghet|ti**
= Spagetti

die **Spal|te**, die Spalten
spal|ten,
sie spaltet, sie spaltete,
sie hat gespaltet

das **Spam** (unerwünschte
E-Mail), die Spams

die **Span|ge**,
die Spangen
Spa|ni|en
span|nen,
es spannt,
es spannte,
es hat gespannt
span|nend,
spannender,
am spannendsten

die **Span|nung**,
die Spannungen
spa|ren,
er spart,
er sparte,
er hat gespart

der **Spar|gel**,
die Spargel

die **Spar|kas|se**,
die Sparkassen

der **Spaß**, die Späße
spät,
später, am spätesten

der **Spa|ten**, die Spaten
spä|ter

der **Spatz**, die Spatzen

spa|zie|ren,
sie spaziert,
sie spazierte,
sie ist spaziert

der **Spa|zier|gang**,
die Spaziergänge

der **Specht**, die Spechte

der **Speck**

der **Speer**, die Speere

die **Spei|che**,
die Speichen

der **Spei|cher**,
die Speicher
spen|den,
er spendet,
er spendete,
er hat gespendet
spe|zi|ell,
spezieller,
am speziellsten

der **Spie|gel**,
die Spiegel
spie|geln,
sie spiegelt,
sie spiegelte,
sie hat gespiegelt

das **Spiel**, die Spiele
spie|len,
er spielt, er spielte,
er hat gespielt

der **Spiel|platz**,
die Spielplätze

der **Spieß**, die Spieße

die **Spin|ne**,
die Spinnen

die **Spinn|we|be**,
die Spinnweben

der **Spi|on**, die Spione

spitz,
spitzer,
am spitzesten

die **Spit|ze**,
die Spitzen

der **Sport**

das **Sport|fest**,
die Sportfeste

der **Sport|ler**,
die Sportler

die **Sport|le|rin**,
die Sportlerinnen

sport|lich,
sportlicher,
am sportlichsten

der **Spott**

spot|ten,
sie spottet,
sie spottete,
sie hat gespottet

die **Spra|che**,
die Sprachen

spre|chen,
er spricht,
er sprach,
er hat gesprochen

sprin|gen,
sie springt,
sie sprang,
sie ist gesprungen
(auch: sie hat
gesprungen)

der **Sprin|ger**,
die Springer

die **Sprin|ge|rin**,
die Springerinnen

der **Sprint**, die Sprints

die **Sprit|ze**, die Spritzen

sprit|zen,
es spritzt,
es spritzte,
es hat gespritzt

der **Spruch**,
die Sprüche

der **Spru|del**,
die Sprudel

spru|deln,
es sprudelt,
es sprudelte,
es hat gesprudelt

sprü|hen,
er sprüht, er sprühte,
er hat gesprüht

der **Sprung**,
die Sprünge

spu|cken,
sie spuckt, sie spuckte,
sie hat gespuckt

der **Spuk**, die Spuke
  spu|ken,
  es spukt, es spukte,
  es hat gespukt
die **Spü|le**, die Spülen
  spü|len,
  er spült, er spülte,
  er hat gespült
das **Spül|mit|tel**,
  die Spülmittel
die **Spur**, die Spuren
  spü|ren,
  sie spürt, sie spürte,
  sie hat gespürt
  spur|los
  spur|ten,
  er spurtet,
  er spurtete,
  er ist gespurtet
der **Staat**, die Staaten
der **Stab**, die Stäbe
der **Sta|chel**,
  die Stacheln
  stach|lig
  (auch: sta|che|lig),
  stachliger,
  am stachligsten
das **Sta|di|on**,
  die Stadien
die **Stadt**, die Städte
die **Staf|fel**,
  die Staffeln

der **Stall**, die Ställe
der **Stamm**,
  die Stämme
  stam|meln,
  sie stammelt,
  sie stammelte,
  sie hat gestammelt
  stamp|fen,
  er stampft,
  er stampfte,
  er hat gestampft
der **Stand**, die Stände
  stän|dig
die **Stan|ge**,
  die Stangen
der **Stän|gel**,
  die Stängel
der **Sta|pel**,
  die Stapel
  sta|peln,
  sie stapelt,
  sie stapelte,
  sie hat gestapelt
  stark,
  stärker,
  am stärksten
die **Stär|ke**,
  die Stärken
sich **stär|ken**,
  er stärkt sich,
  er stärkte sich,
  er hat sich gestärkt

A
B
C
D
E
F
G
H
I
J
K
L
M
N
O
P
Q
R
S
T
U
V
W
X
Y
Z

der **Starn|ber|ger See**
    starr,
    starrer,
    am starrsten
die **Star|re**
der **Start**, die Starts
    star|ten,
    sie startet, sie startete,
    sie ist gestartet
    (auch: sie hat gestartet)
die **Sta|ti|on**,
    die Stationen
    statt
    statt|des|sen
    statt|fin|den,
    es findet statt,
    es fand statt,
    es hat stattgefunden
der **Staub**
    stau|big,
    staubiger,
    am staubigsten
der **Staub|sau|ger**,
    die Staubsauger
das **Staub|tuch**,
    die Staubtücher
    stau|nen,
    er staunt, er staunte,
    er hat gestaunt
    ste|chen,
    sie sticht, sie stach,
    sie hat gestochen

der **Steck|brief**,
    die Steckbriefe
    ste|cken,
    er steckt, er steckte,
    er hat gesteckt
    ste|hen,
    sie steht, sie stand,
    sie hat gestanden
    steh|len,
    er stiehlt, er stahl,
    er hat gestohlen
    stei|gen,
    sie steigt,
    sie stieg,
    sie ist gestiegen
    steil,
    steiler,
    am steilsten
der **Stein**, die Steine
das **Stein|hu|der Meer**
die **Stein|zeit**,
    die Steinzeiten
die **Stel|le**, die Stellen
    stel|len,
    er stellt, er stellte,
    er hat gestellt
der **Stem|pel**,
    die Stempel
    stem|peln,
    sie stempelt,
    sie stempelte,
    sie hat gestempelt

ster|ben,
er stirbt, er starb,
er ist gestorben
der **Stern**, die Sterne
stets
das **Steu|er** (im Auto),
die Steuer
die **Steu|er** (Geld),
die Steuern
steu|ern,
sie steuert,
sie steuerte,
sie hat gesteuert
der **Stich**, die Stiche
der **Stich|punkt**,
die Stichpunkte
das **Stich|wort**,
die Stichwörter
sti|cken,
er stickt,
er stickte,
er hat gestickt
der **Stie|fel**, die Stiefel
die **Stief|mut|ter**,
die Stiefmütter
der **Stief|va|ter**,
die Stiefväter
der **Stiel**, die Stiele
der **Stier**, die Stiere
der **Stift**, die Stifte
still,
stiller, am stillsten

die **Stim|me**,
die Stimmen
stim|men,
es stimmt,
es stimmte,
es hat gestimmt
die **Stim|mung**,
die Stimmungen
die **Stirn**, die Stirnen
der **Stock**, die Stöcke
stock|dun|kel
das **Stock|werk**,
die Stockwerke
der **Stoff**, die Stoffe
stöh|nen,
sie stöhnt,
sie stöhnte,
sie hat gestöhnt
stol|pern,
er stolpert,
er stolperte,
er ist gestolpert
stolz,
stolzer,
am stolzesten
stop|fen,
sie stopft,
sie stopfte,
sie hat gestopft
stop|pen,
er stoppt, er stoppte,
er hat gestoppt

A
B
C
D
E
F
G
H
I
J
K
L
M
N
O
P
Q
R
S
T
U
V
W
X
Y
Z

die **Stopp|uhr**,
die Stoppuhren

der **Storch**, die Störche

stö|ren, es stört,
es störte,
es hat gestört

der **Stoß**, die Stöße

sto|ßen,
sie stößt,
sie stieß,
sie hat gestoßen

stot|tern,
er stottert,
er stotterte,
er hat gestottert

die **Stra|fe**,
die Strafen

stra|fen,
sie straft,
sie strafte,
sie hat gestraft

der **Strahl**,
die Strahlen

strah|len,
er strahlt,
er strahlte,
er hat gestrahlt

stram|peln,
sie strampelt,
sie strampelte,
sie hat gestrampelt

der **Strand**, die Strände

die **Stra|ße**,
die Straßen

der **Strauch**,
die Sträucher

der **Strauß**
(Blumenstrauß),
die Sträuße

der **Strauß** (Vogel),
die Strauße

die **Stre|cke**,
die Strecken

sich **stre|cken**,
er streckt sich,
er streckte sich,
er hat sich gestreckt

der **Streich**,
die Streiche

strei|chen,
sie streicht,
sie strich,
sie hat gestrichen

das **Streich|holz**,
die Streichhölzer

der **Strei|fen**,
die Streifen

der **Streit**, die Streite

sich **strei|ten**,
er streitet sich,
er stritt sich,
er hat sich gestritten

die **Strei|te|rei**,
die Streitereien

streng,
strenger,
am strengsten
streu|en,
sie streut, sie streute,
sie hat gestreut
streu|nen,
er streunt,
er streunte,
er ist gestreunt
(auch: er hat gestreunt)
der **Strich,** die Striche
der **Strick,** die Stricke
stri|cken,
sie strickt,
sie strickte,
sie hat gestrickt
das **Stroh**
der **Strom** (Elektrizität),
die Ströme
der **Strom** (Wasser),
die Ströme
strö|men, es strömt,
es strömte,
es ist geströmt
die **Stro|phe,**
die Strophen
der **Strumpf,**
die Strümpfe
die **Stu|be,**
die Stuben
das **Stück,** die Stücke

stu|die|ren,
er studiert,
er studierte,
er hat studiert
das **Stu|di|um,**
die Studien
der **Stuhl,** die Stühle
der **Stum|mel,**
die Stummel
stumpf,
stumpfer,
am stumpfsten
die **Stun|de,**
die Stunden
der **Stups,** die Stupse
stup|sen,
sie stupst,
sie stupste,
sie hat gestupst
stur, sturer,
am stursten
der **Sturm,** die Stürme
stür|men,
es stürmt,
es stürmte,
es hat gestürmt
stür|misch,
stürmischer,
am stürmischsten
stür|zen,
er stürzt, er stürzte,
er ist gestürzt

Stutt|gart
(Landeshauptstadt
von Baden-
Württemberg)
die **Stüt|ze**, die Stützen
stüt|zen,
sie stützt,
sie stützte,
sie hat gestützt
das **Sty|ro|por**
das **Sub|jekt**
(Satzgegenstand),
die Subjekte
das **Subs|tan|tiv**
(Namenwort,
auch: Sub|stan|tiv),
die Substantive
sub|tra|hie|ren,
er subtrahiert,
er subtrahierte,
er hat subtrahiert
die **Sub|trak|ti|on**,
die Subtraktionen
su|chen,
sie sucht,
sie suchte,
sie hat gesucht
der **Sü|den**
süd|lich,
südlicher,
am südlichsten
der **Süd|pol**

die **Sum|me**, die Summen
sum|men,
er summt,
er summte,
er hat gesummt
su|per
die **Sup|pe**, die Suppen
das **Surf|brett**,
die Surfbretter
sur|fen,
sie surft,
sie surfte,
sie ist gesurft
(auch: sie hat gesurft)
süß,
süßer,
am süßesten
die **Sü|ßig|keit**,
die Süßigkeiten
das **Sym|bol** (Zeichen),
die Symbole
die **Sym|me|trie**
(auch: Sym|met|rie),
die Symmetrien
das **Sys|tem**,
die Systeme
die **Sze|ne**, die Szenen

T

die **Ta|bel|le**,
die Tabellen
die **Ta|blet|te**
(auch: Tab|let|te),
die Tabletten
die **Ta|fel**,
die Tafeln
der **Tag**, ❗
die Tage
das **Ta|ge|buch**,
die Tagebücher
täg|lich
das **Tal**, die Täler
der **Ta|ler** (Münzen),
die Taler

❗ **Tag/tags**

Großschreibung
am Tage
am heutigen Tag
eines Tages
Guten Tag!

Kleinschreibung
tags darauf
tagsüber
tagaus, tagein
tagelang
täglich

---

der **Tank**, die Tanks
tan|ken,
er tankt, er tankte,
er hat getankt
die **Tan|ne**,
die Tannen
der **Tan|nen|baum**,
die Tannenbäume
die **Tan|te**,
die Tanten
der **Tanz**, die Tänze
tan|zen,
sie tanzt,
sie tanzte,
sie hat getanzt
tap|fer,
tapferer,
am tapfersten
die **Tap|fer|keit**
die **Ta|sche**,
die Taschen
die **Tas|se**,
die Tassen
die **Tas|ta|tur**,
die Tastaturen
die **Tat**,
die Taten
tat|säch|lich
die **Tat|ze**,
die Tatzen
die **Tau|be**,
die Tauben

A
B
C
D
E
F
G
H
I
J
K
L
M
N
O
P
Q
R
S
T
U
V
W
X
Y
Z

tau|chen,
er taucht,
er tauchte,
er ist getaucht
(auch: er hat getaucht)
der **Tau|cher**,
die Taucher
die **Tau|che|rin**,
die Taucherinnen
die **Tau|fe**,
die Taufen
tau|gen,
es taugt,
es taugte,
es hat getaugt

---

tausend/
Tausend

Kleinschreibung
bis tausend zählen
vor tausend Jahren
tausend Ameisen
tausendfach

tausendjährig
1000-jährig
tausendmal
1000-mal

Großschreibung
die Zahl Tausend

---

der **Tausch**, die Tausche
tau|schen,
sie tauscht,
sie tauschte,
sie hat getauscht
sich **täu|schen**,
er täuscht sich,
er täuschte sich,
er hat sich getäuscht
tau|send ❗
der **Tau|sen|der**,
die Tausender
der **Tau|send|fü|ßer**,
die Tausendfüßer
= Tausendfüßler
der **Tau|send|füß|ler**,
die Tausendfüßler
= Tausendfüßer
das **Ta|xi**,
die Taxis
das **Team** (Gruppe),
die Teams
die **Tech|nik**,
die Techniken
der **Ted|dy**,
die Teddys
der **Tee**, die Tees
der **Teer**, die Teere
der **Teich**, die Teiche
der **Teig**, die Teige
das **Teil** (Ersatzteil),
die Teile

der **Teil** (der größte Teil),
    die Teile
    tei|len,
    sie teilt, sie teilte,
    sie hat geteilt
    teil|neh|men,
    er nimmt teil,
    er nahm teil,
    er hat teilgenommen
das **Te|le|fon**,
    die Telefone
    te|le|fo|nie|ren,
    sie telefoniert,
    sie telefonierte,
    sie hat telefoniert
der **Tel|ler**, die Teller
der **Tem|pel**, die Tempel
die **Tem|pe|ra|tur**,
    die Temperaturen
das **Ten|nis**
der **Tep|pich**,
    die Teppiche
der **Ter|min**,
    die Termine
die **Ter|mi|te** (Insekt),
    die Termiten
die **Ter|ras|se**,
    die Terrassen
    teu|er, teurer,
    am teuersten
der **Text**, die Texte
das **The|a|ter**, die Theater

das **The|ma**, die Themen
das **Ther|mo|me|ter**,
    die Thermometer
der **Thron**, die Throne
der **Thun|fisch**,
    die Thunfische
    = Tunfisch
    Thü|rin|gen
    tief,
    tiefer, am tiefsten
die **Tie|fe**, die Tiefen
das **Tier**, die Tiere
das **Tier|buch**,
    die Tierbücher
der **Ti|ger**, die Tiger
die **Tin|te**, die Tinten
der **Tin|ten|fisch**,
    die Tintenfische
das **Ti|pi** (Indianerzelt),
    die Tipis
der **Tipp**, die Tipps
    tip|pen,
    er tippt, er tippte,
    er hat getippt
der **Tisch**, die Tische
der **Ti|tel**, die Titel
    to|ben,
    sie tobt, sie tobte,
    sie hat getobt
die **Toch|ter**,
    die Töchter
der **Tod**, die Tode

A
B
C
D
E
F
G
H
I
J
K
L
M
N
O
P
Q
R
S
T
U
V
W
X
Y
Z

tod|krank
töd|lich
die To|i|let|te,
die Toiletten
toll,
toller,
am tollsten
toll|kühn,
tollkühner,
am tollkühnsten
die To|ma|te,
die Tomaten
der Ton, die Töne
die Ton|ne, die Tonnen
der Topf, die Töpfe
das Tor, die Tore
die Tor|te, die Torten
tot
die Tour, die Touren
tra|gen,
er trägt, er trug,
er hat getragen
der Trä|ger,
die Träger
trai|nie|ren,
sie trainiert,
sie trainierte,
sie hat trainiert
das Trai|ning,
die Trainings
der Trak|tor,
die Traktoren

tram|peln,
er trampelt,
er trampelte,
er hat getrampelt
die Trä|ne, die Tränen
der Trans|port,
die Transporte
trans|por|tie|ren,
sie transportiert,
sie transportierte,
sie hat transportiert
die Trau|be,
die Trauben
sich trau|en,
er traut sich,
er traute sich,
er hat sich getraut
der Traum, die Träume
träu|men,
sie träumt,
sie träumte,
sie hat geträumt
trau|rig, trauriger,
am traurigsten
die Trau|rig|keit
tref|fen,
er trifft, er traf,
er hat getroffen
trei|ben,
sie treibt,
sie trieb,
sie hat getrieben

tren|nen,
er trennt,
er trennte,
er hat getrennt
die **Tren|nung**,
die Trennungen
die **Trep|pe**,
die Treppen
das **Tret|boot**,
die Tretboote
tre|ten,
sie tritt, sie trat,
sie hat getreten
treu, treuer,
am treuesten
der **Trick**, die Tricks
trick|sen,
er trickst, er trickste,
er hat getrickst
trin|ken,
sie trinkt, sie trank,
sie hat getrunken
tro|cken,
trockener,
am trockensten
trock|nen,
es trocknet,
es trocknete,
es ist getrocknet
der **Trö|del**
der **Trö|del|markt**,
die Trödelmärkte

trö|deln,
er trödelt,
er trödelte,
er hat getrödelt
die **Trom|mel**,
die Trommeln
die **Trom|pe|te**,
die Trompeten
die **Tro|pen**
(heiße Klimazone
am Äquator)
trop|fen,
es tropft, es tropfte,
es hat getropft
(auch: es ist getropft)
der **Trop|fen**,
die Tropfen
tro|pisch
der **Trost**
trotz
trotz|dem
trüb, trüber,
am trübsten
die **Tru|he**, die Truhen
die **Trup|pe**,
die Truppen
Tsche|chi|sche
Re|pu|blik
(auch: Re|pub|lik)
das **T-Shirt**, die T-Shirts
die **Tu|be**, die Tuben
das **Tuch**, die Tücher

A
B
C
D
E
F
G
H
I
J
K
L
M
N
O
P
Q
R
S
T
U
V
W
X
Y
Z

tüch|tig,
tüchtiger,
am tüchtigsten
die **Tul|pe,**
die Tulpen
tun,
sie tut, sie tat,
sie hat getan
der **Tun|fisch,**
die Tunfische
= Thunfisch
der **Tun|nel,**
die Tunnel
die **Tür,** die Türen
Tür|kei
der **Turm,** die Türme
tur|nen,
sie turnt,
sie turnte,
sie hat geturnt
die **Turn|hal|le,**
die Turnhallen
das **Tur|nier,**
die Turniere
der **Turn|schuh,**
die Turnschuhe
die **Tü|te,** die Tüten
der **Typ,** die Typen
ty|pisch,
typischer,
am typischsten

U

üben,
sie übt, sie übte,
sie hat geübt
über
über|all
über|haupt
über|prü|fen,
er überprüft,
er überprüfte,
er hat überprüft
über|que|ren,
sie überquert,
sie überquerte,
sie hat überquert
über|ra|schen,
er überrascht,
er überraschte,
er hat überrascht
über|ra|schend,
überraschender,
am überraschendsten
die **Über|ra|schung,**
die Überraschungen
die **Über|schrift,**
die Überschriften
über|wie|gend
üb|rig
üb|ri|gens
die **Übung,** die Übungen
das **Ufer,** die Ufer

Uh

die **Uhr**,
die Uhren
der **Uhu**,
die Uhus
Uk|ra|i|ne
um
um|her
um|keh|ren,
sie kehrt um,
sie kehrte um,
sie hat umgekehrt
(auch: sie ist
umgekehrt)
der **Um|laut**,
die Umlaute
die **Um|run|dung**,
die Umrundungen
der **Um|schlag**,
die Umschläge
um|so (umso mehr)
die **Um|welt**
der **Um|welt|schutz**
um|zie|hen,
er zieht um,
er zog um,
er ist umgezogen
un|auf|merk|sam,
unaufmerksamer,
am unaufmerksamsten
un|be|hol|fen,
unbeholfener,
am unbeholfensten

Un

un|be|kannt
un|be|stimmt
und
un|end|lich
der **Un|fall**, die Unfälle
der **Un|fug**
Un|garn
die **Un|ge|duld**
un|ge|dul|dig,
ungeduldiger,
am ungeduldigsten
un|ge|fähr
das **Un|ge|heu|er**,
die Ungeheuer
un|ge|heu|er|lich,
ungeheuerlicher,
am ungeheuerlichsten
un|ge|hin|dert
un|ge|müt|lich,
ungemütlicher,
am ungemütlichsten
un|ge|recht,
ungerechter,
am ungerechtesten
die **Un|ge|rech|tig|keit**,
die Ungerechtigkeiten
un|ge|sund,
ungesünder,
am ungesündesten
un|ge|wöhn|lich,
ungewöhnlicher,
am ungewöhnlichsten

un|glaub|lich,
unglaublicher,
am unglaublichsten
das Un|glück,
die Unglücke
un|glück|lich,
unglücklicher,
am unglücklichsten
un|gül|tig
un|güns|tig,
ungünstiger,
am ungünstigsten
un|heim|lich,
unheimlicher,
am unheimlichsten
die Uni|form,
die Uniformen
die Uni|ver|si|tät,
die Universitäten
un|kon|trol|liert
(auch: un|kont|rol|liert)
uns
un|ser
un|se|re
un|se|rem
un|se|ren
un|se|res
un|si|cher, unsicherer,
am unsichersten
un|sicht|bar
der Un|sinn
un|ten

un|ter
der Un|ter|arm,
die Unterarme
un|ter|bre|chen,
sie unterbricht,
sie unterbrach,
sie hat unterbrochen
un|ter|ein|an|der
(auch: un|ter|ei|nan|der)
der Un|ter|gang,
die Untergänge
un|ter|ge|hen,
sie geht unter,
sie ging unter,
sie ist untergegangen
un|ter|halb
sich un|ter|hal|ten,
er unterhält sich,
er unterhielt sich,
er hat sich unterhalten
die Un|ter|hal|tung,
die Unterhaltungen
die Un|ter|ho|se,
die Unterhosen
die Un|ter|kunft,
die Unterkünfte
un|ter|neh|men,
sie unternimmt,
sie unternahm,
sie hat unternommen
das Un|ter|neh|men,
die Unternehmen

der **Un|ter|richt**
    un|ter|rich|ten,
    sie unterrichtet,
    sie unterrichtete,
    sie hat unterrichtet
    un|ter|schei|den,
    er unterscheidet,
    er unterschied,
    er hat unterschieden

der **Un|ter|schied**,
    die Unterschiede
    un|ter|schied|lich,
    unterschiedlicher,
    am unterschiedlichsten

der **Un|ter|schlupf**,
    die Unterschlupfe
    un|ter|schrei|ben,
    er unterschreibt,
    er unterschrieb,
    er hat unterschrieben

die **Un|ter|schrift**,
    die Unterschriften
    un|ter|strei|chen,
    sie unterstreicht,
    sie unterstrich,
    sie hat unterstrichen
    un|ter|su|chen,
    er untersucht,
    er untersuchte,
    er hat untersucht

die **Un|ter|su|chung**,
    die Untersuchungen

die **Un|ter|tas|se**,
    die Untertassen

die **Un|ter|wä|sche**
    un|ter|wegs
    un|vor|sich|tig,
    unvorsichtiger,
    am unvorsichtigsten
    un|wahr

das **Un|wet|ter**,
    die Unwetter
    un|zäh|lig

die **Ur|groß|el|tern**

die **Ur|kun|de**,
    die Urkunden

der **Ur|laub**,
    die Urlaube

die **Ur|sa|che**,
    die Ursachen

das **Ur|teil**,
    die Urteile

der **Ur|wald**,
    die Urwälder
    usw.
    (Abkürzung für:
    und so weiter)

A
B
C
D
E
F
G
H
I
J
K
L
M
N
O
P
Q
R
S
T
U
V
W
X
Y
Z

V

der **Va|len|tins|tag**
(14. Februar),
die Valentinstage

der **Vam|pir**, die Vampire

die **Va|nil|le**

die **Va|se**, die Vasen

der **Va|ter**, die Väter

der **Va|ti|kan**
(Wohnsitz des
Papstes in Rom)
Va|ti|kan|stadt

das **Veil|chen**,
die Veilchen

das **Ven|til**, die Ventile

ver|än|dern,
er verändert,
er veränderte,
er hat verändert

die **Ver|än|de|rung**,
die Veränderungen

ver|an|stal|ten,
sie veranstaltet,
sie veranstaltete,
sie hat veranstaltet

das **Verb** (Tuwort),
die Verben

ver|bes|sern,
er verbessert,
er verbesserte,
er hat verbessert

die **Ver|bes|se|rung**,
die Verbesserungen

ver|bie|ten,
sie verbietet,
sie verbot,
sie hat verboten

das **Ver|bot**, die Verbote

ver|bo|ten

der **Ver|brauch**

ver|brau|chen,
er verbraucht,
er verbrauchte,
er hat verbraucht

der **Ver|bre|cher**,
die Verbrecher

ver|bren|nen,
es verbrennt,
es verbrannte,
es ist verbrannt

die **Ver|bren|nung**,
die Verbrennungen

der **Ver|dacht**

ver|die|nen,
sie verdient,
sie verdiente,
sie hat verdient

ver|dun|keln,
er verdunkelt,
er verdunkelte,
er hat verdunkelt

ver|dutzt, verdutzter,
am verdutztesten

der **Ver|ein**, die Vereine
sich **ver|ei|nen**,
    sie vereint sich,
    sie vereinte sich,
    sie hat sich vereint
    ver|fal|len,
    es verfällt,
    es verfiel,
    es ist verfallen
sich **ver|fär|ben**,
    es verfärbt sich,
    es verfärbte sich,
    es hat sich verfärbt
    ver|fol|gen,
    er verfolgt,
    er verfolgte,
    er hat verfolgt
die **Ver|fol|gung**,
    die Verfolgungen
die **Ver|gan|gen|heit**,
    die Vergangenheiten
    ver|ges|sen,
    sie vergisst,
    sie vergaß,
    sie hat vergessen
    ver|glei|chen,
    er vergleicht,
    er verglich,
    er hat verglichen
    ver|gnügt,
    vergnügter,
    am vergnügtesten

das **Ver|hält|nis**,
    die Verhältnisse
das **Ver|hör**, die Verhöre
der **Ver|kauf**,
    die Verkäufe
    ver|kau|fen,
    sie verkauft,
    sie verkaufte,
    sie hat verkauft
der **Ver|käu|fer**,
    die Verkäufer
die **Ver|käu|fe|rin**,
    die Verkäuferinnen
der **Ver|kehr**
das **Ver|kehrs|mit|tel**,
    die Verkehrsmittel
    ver|kehrs|si|cher
das **Ver|kehrs|zei|chen**,
    die Verkehrszeichen
sich **ver|klei|den**,
    er verkleidet sich,
    er verkleidete sich,
    er hat sich verkleidet
der **Ver|lag**, die Verlage
    ver|ler|nen,
    sie verlernt,
    sie verlernte,
    sie hat verlernt
sich **ver|let|zen**,
    sie verletzt sich,
    sie verletzte sich,
    sie hat sich verletzt

die **Ver|let|zung**,
　　die Verletzungen
sich **ver|lie|ben**,
　　er verliebt sich,
　　er verliebte sich,
　　er hat sich verliebt
　　ver|liebt
　　ver|lie|ren,
　　sie verliert, sie verlor,
　　sie hat verloren
das **Ver|lies**, die Verliese
der **Ver|lust**, die Verluste
der **Ver|miss|te**,
　　die Vermissten
　　ver|mu|ten,
　　er vermutet,
　　er vermutete,
　　er hat vermutet
　　ver|pa|cken,
　　sie verpackt,
　　sie verpackte,
　　sie hat verpackt
die **Ver|pa|ckung**,
　　die Verpackungen
der **Ver|rat**
　　ver|ra|ten,
　　er verrät, er verriet,
　　er hat verraten
der **Ver|rä|ter**,
　　die Verräter
die **Ver|rä|te|rin**,
　　die Verräterinnen

　　ver|rückt,
　　verrückter,
　　am verrücktesten
　　ver|rüh|ren,
　　sie verrührt,
　　sie verrührte,
　　sie hat verrührt
der **Vers**,
　　die Verse
sich **ver|sam|meln**,
　　sie versammeln sich,
　　sie versammelten sich,
　　sie haben sich
　　versammelt
die **Ver|samm|lung**,
　　die Versammlungen
　　ver|säu|men,
　　er versäumt,
　　er versäumte,
　　er hat versäumt
　　ver|schie|den
　　ver|schlin|gen,
　　sie verschlingt,
　　sie verschlang,
　　sie hat verschlungen
　　ver|schlos|sen
　　ver|schmut|zen,
　　er verschmutzt,
　　er verschmutzte,
　　er hat verschmutzt
die **Ver|schmut|zung**,
　　die Verschmutzungen

ver|schwin|den,
sie verschwindet,
sie verschwand,
sie ist verschwunden
das **Ver**|se|hen,
die Versehen
ver|sin|ken,
er versinkt,
er versank,
er ist versunken
die **Ver**|söh|nung,
die Versöhnungen
sich **ver**|spä|ten,
er verspätet sich,
er verspätete sich,
er hat sich verspätet
der **Ver**|stand
ver|ständ|lich,
verständlicher,
am verständlichsten
das **Ver**|ständ|nis
das **Ver**|steck,
die Verstecke
ver|ste|cken,
sie versteckt,
sie versteckte,
sie hat versteckt
ver|ste|hen,
er versteht,
er verstand,
er hat verstanden
der **Ver**|such, die Versuche

ver|su|chen,
sie versucht,
sie versuchte,
sie hat versucht
ver|tei|di|gen,
er verteidigt,
er verteidigte,
er hat verteidigt
ver|ti|kal (senkrecht)
der **Ver**|trag, die Verträge
sich **ver**|tra|gen,
sie verträgt sich,
sie vertrug sich,
sie hat sich vertragen
ver|trau|en,
er vertraut,
er vertraute,
er hat vertraut
das **Ver**|trau|en
ver|traut, vertrauter,
am vertrautesten
die **Ver**|un|rei|ni|gung,
die Verunreinigungen
die **Ver**|wal|tung,
die Verwaltungen
ver|wan|deln,
sie verwandelt,
sie verwandelte,
sie hat verwandelt
ver|wandt
der **Ver**|wand|te,
die Verwandten

die **Ver|wand|te**,
   die Verwandten
ver|wech|seln,
   er verwechselt,
   er verwechselte,
   er hat verwechselt
ver|wen|den,
   sie verwendet,
   sie verwendete,
   sie hat verwendet
ver|wun|dert,
   verwunderter,
   am verwundertsten
das **Ver|zeich|nis**,
   die Verzeichnisse

!

vier/Vier

Kleinschreibung
vier Jahre alt
es ist halb vier
vier mal fünf

der vierjährige Junge
der 4-jährige Junge
viermal
4-mal

Großschreibung
die Zahl Vier
eine Vier schreiben
eine Vier im Zeugnis

ver|zei|hen,
   er verzeiht, er verzieh,
   er hat verziehen
ver|zie|ren,
   sie verziert,
   sie verzierte,
   sie hat verziert
das **Vieh**
viel,
   mehr, am meisten
vie|le
der **Viel|fraß**, die Vielfraße
viel|leicht
vier **!**
vier|mal
vier|zehn
vier|zig
die **Vil|la**, die Villen
das (der) **Vi|rus**, die Viren
das **Vi|ta|min**
   (auch: Vit|a|min),
   die Vitamine
die **Vi|tri|ne**
   (auch: Vit|ri|ne),
   die Vitrinen
der **Vo|gel**, die Vögel
die **Vo|ka|bel**, die Vokabeln
der **Vo|kal** (Selbstlaut),
   die Vokale
das **Volk**, die Völker
voll,
   voller, am vollsten

voll|stän|dig
vom
von
von|ein|an|der
(auch: von|ei|nan|der)
vor
vor al|lem
vor|an
(auch: vo|ran)
vor|aus
(auch: vo|raus)
im **Vor|aus**
(auch: Vo|raus)
vor|bei
vor|be|rei|ten,
er bereitet vor,
er bereitete vor,
er hat vorbereitet
das **Vor|der|rad**,
die Vorderräder
vor|ei|lig,
voreiliger,
am voreiligsten
die **Vor|fahrt**
vor|füh|ren,
sie führt vor,
sie führte vor,
sie hat vorgeführt
die **Vor|füh|rung**,
die Vorführungen
der **Vor|gän|ger**,
die Vorgänger

die **Vor|gän|ge|rin**,
die Vorgängerinnen
der **Vor|hang**, die Vorhänge
vor|her
vo|ri|ge
vor|le|sen,
er liest vor, er las vor,
er hat vorgelesen
der **Vor|mit|tag**, ❗
die Vormittage
vor|mit|tags ❗
vorn, vorne
der **Vor|rat**, die Vorräte
der **Vor|schlag**,
die Vorschläge
vor|schla|gen,
sie schlägt vor,
sie schlug vor,
sie hat vorgeschlagen

> ❗
>
> **Vormittag/**
> **vormittags**
>
> **Großschreibung**
> am Vormittag
> ein Vormittag
> heute Vormittag
> der Dienstagvormittag
>
> **Kleinschreibung**
> vormittags
> dienstagvormittags

A
B
C
D
E
F
G
H
I
J
K
L
M
N
O
P
Q
R
S
T
U
V
W
X
Y
Z

sich **vor|se|hen**,
   er sieht sich vor,
   er sah sich vor,
   er hat sich vorgesehen
die **Vor|sicht**
   vor|sich|tig,
   vorsichtiger,
   am vorsichtigsten
   vor|spie|len,
   er spielt vor,
   er spielte vor,
   er hat vorgespielt
   vor|stel|len,
   sie stellt vor,
   sie stellte vor,
   sie hat vorgestellt
sich **vor|stel|len**,
   er stellt sich vor,
   er stellte sich vor,
   er hat sich vorgestellt
die **Vor|stel|lung**,
   die Vorstellungen
der **Vor|trag**, die Vorträge
   vor|ü|ber
   (auch: vo|rü|ber)
das **Vor|ur|teil**,
   die Vorurteile
   vor|wärts
der **Vul|kan**, die Vulkane

W

die **Waa|ge**,
   die Waagen
   wach, wacher,
   am wachesten
   wa|chen, er wacht,
   er wachte,
   er hat gewacht
das **Wachs**, die Wachse
   wach|sen,
   es wächst,
   es wuchs,
   es ist gewachsen
   wa|ckeln,
   es wackelt,
   es wackelte,
   es hat gewackelt
die **Waf|fe**, die Waffen
die **Waf|fel**,
   die Waffeln
der **Wa|gen**,
   die Wagen
die **Wahl**,
   die Wahlen
   wäh|len, sie wählt,
   sie wählte,
   sie hat gewählt
   wahr
   wäh|rend
die **Wahr|heit**,
   die Wahrheiten

wahr|schein|lich,
wahrscheinlicher,
am wahrscheinlichsten

die **Wai|se** (Kind, dessen
Mutter und/oder
Vater gestorben ist),
die Waisen

der **Wal**, die Wale

der **Wald**, die Wälder

der **Wald|weg,**
die Waldwege

der **Wall**, die Wälle

die **Wal|nuss**, die Walnüsse

die **Wand**, die Wände

wan|dern,
er wandert, er wanderte,
er ist gewandert

wann

die **Wan|ne**, die Wannen

sie **war**

die **Wa|re**, die Waren

sie **wä|re**

warm,
wärmer, am wärmsten

die **Wär|me**

wär|men,
es wärmt, es wärmte,
es hat gewärmt

ihr **wart**

war|ten,
sie wartet, sie wartete,
sie hat gewartet

war|um
(auch: wa|rum)

was

die **Wä|sche,**
die Wäschen

wa|schen,
er wäscht,
er wusch,
er hat gewaschen

das **Was|ser,**
die Wasser

die **Was|ser|waa|ge,**
die Wasserwaagen

das **Was|ser|werk,**
die Wasserwerke

wäss|rig, wässriger,
am wässrigsten

wat|scheln,
sie watschelt,
sie watschelte,
sie ist gewatschelt

das **Watt** (Teil der Nordsee),
die Watten

die **Wat|te**

we|ben,
er webt, er webte,
er hat gewebt

der **We|ber|knecht,**
die Weberknechte

die **Web|site**, die Websites

der **Web|stuhl,**
die Webstühle

der **Wech|sel,**
die Wechsel
wech|seln,
sie wechselt,
sie wechselte,
sie hat gewechselt
we|cken,
er weckt, er weckte,
er hat geweckt
der **We|cker,** die Wecker
we|der
weg
der **Weg,** die Wege
we|gen
weg|ge|hen,
sie geht weg,
sie ging weg,
sie ist weggegangen
weh
we|hen,
es weht, es wehte,
es hat geweht
sich **weh|ren,**
er wehrt sich,
er wehrte sich,
er hat sich gewehrt
weib|lich
weich, weicher,
am weichsten
die **Wei|de,** die Weiden
das **Weih|nach|ten,**
die Weihnachten

das **Weih|nachts|fest,**
die Weihnachtsfeste
die **Weih|nachts|zeit**
weil
die **Wei|le**
der **Wein,** die Weine
wei|nen,
sie weint, sie weinte,
sie hat geweint
wei|se, weiser,
am weisesten
die **Wei|se**
(die Art und Weise),
die Weisen
die **Weis|heit**
weiß, ❗
weißer, am weißesten
Weiß|russ|land
weit,
weiter,
am weitesten
wei|ter
wei|ter|rei|chen,
er reicht weiter,
er reichte weiter,
er hat weitergereicht
der **Wei|zen** (Getreide)
wel|che
die **Wel|le,** die Wellen
die **Welt,** die Welten
das **Welt|all**
welt|be|rühmt

der **Welt|raum**

wem

wen

we|nig,
weniger, am wenigsten

we|nigs|tens

wenn

wer

wer|ben,
sie wirbt,
sie warb,
sie hat geworben

die **Wer|bung,**
die Werbungen

wer|den,
es wird, es wurde,
es ist geworden

---

weiß/Weiß

Kleinschreibung
mein Hemd ist weiß
mein weißes Hemd
weiß gestreift
schwarz auf weiß
weißhaarig
schneeweiß

Großschreibung
das Weiß des
Schnees
ganz in Weiß

---

wer|fen,
sie wirft, sie warf,
sie hat geworfen

das **Werk,** die Werke

die **Werk|statt,**
die Werkstätten

das **Werk|zeug,**
die Werkzeuge

die **Wer|ra** (Fluss)

der **Wert,** die Werte

wert|voll,
wertvoller,
am wertvollsten

die **We|ser** (Fluss)

wes|halb

die **Wes|pe,**
die Wespen

wes|sen

der **Wes|ten**

west|lich, westlicher,
am westlichsten

die **Wet|te,**
die Wetten

wet|ten,
er wettet, er wettete,
er hat gewettet

das **Wet|ter**

der **Wet|ter|be|richt,**
die Wetterberichte

wet|zen,
sie wetzt, sie wetzte,
sie hat gewetzt

der **Wicht**, die Wichte
der **Wich|tel**, die Wichtel
   wich|tig,
   wichtiger,
   am wichtigsten
   wi|der (gegen) ❗
   wi|der|lich,
   widerlicher,
   am widerlichsten
   wi|der|spre|chen,
   er widerspricht,
   er widersprach,
   er hat widersprochen
der **Wi|der|stand**,
   die Widerstände
   wie
   wie|der ❗
   wie|der|ho|len,
   sie wiederholt,
   sie wiederholte,
   sie hat wiederholt
die **Wie|ge**, die Wiegen
   wie|gen,
   es wiegt, es wog,
   es hat gewogen
   Wies|ba|den
   (Landeshauptstadt
   von Hessen)
die **Wie|se**,
   die Wiesen
das **Wie|sel**, die Wiesel
   wie|so

> **wider**
>
> widerlich
> widersprechen
> widerstehen
> der Widerstand
>
> **wieder**
>
> immer wieder
> nie wieder
> schon wieder
> ich komme wieder
> das Wiedersehen
> Auf Wiedersehen!

der **Wi|kin|ger**, die Wikinger
   wild,
   wilder, am wildesten
die **Wild|nis**
das **Wild|schwein**,
   die Wildschweine
der **Wind**, die Winde
die **Win|del**, die Windeln
   win|dig,
   windiger,
   am windigsten
die **Wind|ro|se**,
   die Windrosen
die **Wind|stär|ke**,
   die Windstärken

win|ken,
er winkt, er winkte,
er hat gewunken
der **Win|ter**, die Winter
wir
wir|beln,
sie wirbelt, sie wirbelte,
sie ist gewirbelt
(auch: sie hat gewirbelt)
wir|ken,
es wirkt, es wirkte,
es hat gewirkt
wirk|lich
die **Wirk|lich|keit,**
die Wirklichkeiten
die **Wir|kung,**
die Wirkungen
wi|schen,
er wischt,
er wischte,
er hat gewischt
wis|sen,
sie weiß, sie wusste,
sie hat gewusst
das **Wis|sen**
die **Wis|sen|schaft,**
die Wissenschaften
der **Wis|sen|schaft|ler,**
die Wissenschaftler
die **Wis|sen|schaft|le|rin,**
die Wissenschaft-
lerinnen

wit|tern,
er wittert, er witterte,
er hat gewittert
der **Witz**, die Witze
wit|zig,
witziger,
am witzigsten
wo
die **Wo|che**, die Wochen
das **Wo|chen|en|de,**
die Wochenenden
der **Wo|chen|tag,**
die Wochentage
wohl
woh|nen,
sie wohnt,
sie wohnte,
sie hat gewohnt
die **Woh|nung,**
die Wohnungen
der **Wolf**, die Wölfe
die **Wol|ke**, die Wolken
wol|ken|los
die **Wol|le**
wol|len,
er will, er wollte,
er hat gewollt
das **Wort**, die Wörter
das **Wör|ter|buch,**
die Wörterbücher
die **Wör|ter|lis|te,**
die Wörterlisten

die **Wun|de**, die Wunden
wun|der|bar,
wunderbarer,
am wunderbarsten
der **Wunsch**,
die Wünsche
wün|schen,
sie wünscht,
sie wünschte,
sie hat gewünscht
der **Wurf**, die Würfe
der **Wür|fel**, die Würfel
wür|feln,
er würfelt,
er würfelte,
er hat gewürfelt
der **Wurm**, die Würmer
die **Wurst**, die Würste
die **Wur|zel**, die Wurzeln
die **Wur|zel|knol|le**,
die Wurzelknollen
wür|zig,
würziger,
am würzigsten
wüst,
wüster, am wüstesten
die **Wüs|te**,
die Wüsten
die **Wut**
wü|tend,
wütender,
am wütendsten

X

die **X-Bei|ne**
x-bei|nig
(auch: X-bei|nig)
x-fach
x-mal
das **Xy|lo|fon**,
die Xylofone
= Xylophon
das **Xy|lo|phon**,
die Xylophone
= Xylofon

Y

die **Yacht**,
die Yachten
= Jacht
das **Yak** (Rinderart),
die Yaks
= Jak
das **Yo-Yo**,
die Yo-Yos
= Jo-Jo
das **Yp|si|lon**,
die Ypsilons

Z

der **Za**|**cken**, die Zacken
 za|**ckig**,
 zackiger, am zackigsten
 zäh,
 zäher, am zähsten
die **Zahl**, die Zahlen
 zah|**len**,
 sie zahlt, sie zahlte,
 sie hat gezahlt
 zäh|**len**, er zählt,
 er zählte,
 er hat gezählt
 zahl|**reich**,
 zahlreicher,
 am zahlreichsten
 zahm, zahmer,
 am zahmsten
der **Zahn**, die Zähne
der **Zahn**|**sto**|**cher**,
 die Zahnstocher
die **Zan**|**ge**, die Zangen
sich **zan**|**ken**,
 sie zankt sich,
 sie zankte sich,
 sie hat sich gezankt
der **Zap**|**fen**, die Zapfen
der **Zau**|**be**|**rer**,
 die Zauberer
die **Zau**|**be**|**rin**,
 die Zauberinnen

zau|**bern**,
er zaubert,
er zauberte,
er hat gezaubert
der **Zaun**, die Zäune
der **Zaun**|**kö**|**nig** (Vogel),
 die Zaunkönige
z. B. (Abkürzung für:
 zum Beispiel)
das **Ze**|**bra** (auch: Zeb|ra),
 die Zebras
der **Zeh**
 (auch: die Ze|he),
 die Zehen
 zehn ❶
der **Zeh**|**ner**, die Zehner
 zehn|**mal**

---

zehn/Zehn

Kleinschreibung
zehn Jahre alt
es ist halb zehn
zehn mal vier

der zehnjährige Junge
der 10-jährige Junge
zehnmal
10-mal

Großschreibung
die Zahl Zehn

das **Zei|chen**, die Zeichen

　zeich|nen,

　sie zeichnet,

　sie zeichnete,

　sie hat gezeichnet

　zei|gen, er zeigt,

　er zeigte, er hat gezeigt

der **Zei|ger**, die Zeiger

die **Zei|le**, die Zeilen

die **Zeit**, die Zeiten

die **Zeit|schrift**,

　die Zeitschriften

die **Zei|tung**,

　die Zeitungen

das **Zelt**, die Zelte

　zel|ten,

　sie zeltet, sie zeltete,

　sie hat gezeltet

der **Zen|ti|me|ter** [cm],

　die Zentimeter

　zen|tral (auch: zent|ral)

die **Zen|tra|le**

　(auch: Zent|ra|le),

　die Zentralen

　zer|bre|chen,

　er zerbricht,

　er zerbrach,

　er hat zerbrochen

　zer|krü|meln,

　sie zerkrümelt,

　sie zerkrümelte,

　sie hat zerkrümelt

　zer|rei|ben,

　er zerreibt, er zerrieb,

　er hat zerrieben

　zer|rei|ßen,

　sie zerreißt, sie zerriss,

　sie hat zerrissen

　zer|tre|ten,

　er zertritt, er zertrat,

　er hat zertreten

der **Zet|tel**, die Zettel

das **Zeug|nis**,

　die Zeugnisse

die **Zie|ge**, die Ziegen

der **Zie|gel**, die Ziegel

　zie|hen,

　sie zieht, sie zog,

　sie hat gezogen

das **Ziel**, die Ziele

　zie|len,

　er zielt, er zielte,

　er hat gezielt

　ziem|lich

　zier|lich, zierlicher,

　am zierlichsten

die **Zif|fer**, die Ziffern

das **Zim|mer**, die Zimmer

der **Zimt**

der **Zip|fel**, die Zipfel

　zir|ka [ca.] = circa

der **Zir|kel**, die Zirkel

der **Zir|kus**, die Zirkusse

　= Circus

zi|schen,
es zischt, es zischte,
es hat gezischt

die **Zi|tro|ne**
(auch: Zit|ro|ne),
die Zitronen

zit|tern,
er zittert, er zitterte,
er hat gezittert

der **Zoo**, die Zoos

die **Zoo|hand|lung,**
die Zoohandlungen

der **Zopf**, die Zöpfe

der **Zorn**

zor|nig,
zorniger, am zornigsten

zu

der **Zu|cker**

zu|ein|an|der
(auch: zu|ei|nan|der)

zu|erst

zu|frie|den,
zufriedener,
am zufriedensten

der **Zug**, die Züge

zu Hau|se
(auch: zu|hau|se)

die **Zu|kunft**

zu|künf|tig

zu|letzt

zum

zu|min|dest

die **Zun|ge**, die Zungen

der **Zun|gen|bre|cher,**
die Zungenbrecher

zup|fen,
sie zupft, sie zupfte,
sie hat gezupft

zur

zu|rück

zu|sam|men

der **Zu|schau|er,**
die Zuschauer

die **Zu|schau|e|rin,**
die Zuschauerinnen

die **Zu|tat**, die Zutaten

der **Zwang**, die Zwänge

zwan|zig 🛈

---

zwanzig/Zwanzig

Kleinschreibung
zwanzig Jahre alt
in zwanzig Minuten
zwanzig mal vier

der zwanzigjährige
Mann
der 20-jährige Mann
zwanzigmal
20-mal

Großschreibung
die Zahl Zwanzig

A
B
C
D
E
F
G
H
I
J
K
L
M
N
O
P
Q
R
S
T
U
V
W
X
Y
Z

zwar
der **Zweck**,
die Zwecke
zweck|los
zwecks
zwei ❗
zwei|far|big
der **Zwei|fel**,
die Zweifel
der **Zweig**,
die Zweige
zwei|mal
der **Zwerg**, die Zwerge
die **Zwergin**,
die Zwerginnen

❗ **zwei/Zwei**

Kleinschreibung
zwei Jahre alt
es ist halb zwei
zwei mal vier

der zweijährige Junge
der 2-jährige Junge
zweimal
2-mal

Großschreibung
die Zahl Zwei
eine Zwei schreiben
eine Zwei im Zeugnis

❗ **zwölf/Zwölf**

Kleinschreibung
zwölf Jahre alt
es ist halb zwölf
zwölf mal vier

der zwölfjährige Junge
der 12-jährige Junge
zwölfmal
12-mal

Großschreibung
die Zahl Zwölf

die **Zwie|bel**,
die Zwiebeln
der **Zwil|ling**,
die Zwillinge
zwin|gen,
er zwingt,
er zwang,
er hat gezwungen
zwi|schen
zwi|schen|durch
zwölf ❗
der **Zy|lin|der**,
die Zylinder
Zy|pern

1 Gib Gas!

① rasen	② Geige	③ spazieren
④ verboten	⑤ flattern	⑥ Tipp
⑦ Kapuze	⑧ Plastiktüte	⑨ hasten
⑩ Heizung	⑪ dreißig	⑫ Windrose
⑬ grimmig	⑭ kommen	⑮ Einsatz

Schreibe zuerst alle Wörter
in der vorgegebenen Reihenfolge
untereinander ab.
Schlage die Begriffe so schnell nach,
wie du kannst.
Schreibe so:
1 rasen (Seite ...)

Stoppe die Zeit.
Wie lange hast du gebraucht?
Ich habe ___ Minuten und ___ Sekunden benötigt.

2 Fremdwörter verstehen? Kein Problem!

① Quartier	② Termite	③ Prädikat
④ Experte	⑤ Projekt	⑥ Skala
⑦ Plural	⑧ Symbol	⑨ Reserve
⑩ Reflektor	⑪ Singular	⑫ Subjekt

Schlage die Bedeutungen der Fremdwörter nach.
Notiere den Artikel (Begleiter), die Erklärung und
die Seitenzahl.
Schreibe so:
1 das Quartier: Unterkunft (Seite ...)

3 Wie wird das Wetter morgen?

warm	matschig	kalt	glatt	kühl
stürmisch	heiß	heiter	windig	sonnig
schön	dunkel	nass	trocken	

Welches Wetter erwartet uns morgen
und wie wird es draußen sein?
Schlage die Adjektive nach
und schreibe sie zusammen
mit den Vergleichsstufen
und der Seitenzahl auf.
Schreibe so:
warm, wärmer, am wärmsten (Seite ...)

4 Was willst du einmal werden?

① Ar tekt chi
③ zist li Po
⑤ her Er zie
⑦ As naut tro
⑨ stel ler Schrift
⑪ rer Leh
⑬ käu fer Ver

② ne Gärt rin
④ tin Ärz
⑥ lo tin Pi
⑧ Künst rin le
⑩ rin Fri seu
⑫ Apo rin ke the
⑭ Ar tin tis

Welche Berufe können sich Leon und Sara
für ihre Zukunft vorstellen?
Setze die Silben zusammen
und schreibe die Berufe
in der männlichen und weiblichen Form auf.
Notiere die Seitenzahlen.
Schreibe so:
1 der Architekt, die Architektin (Seite ...)

5 Zahlencode

Die Groß- und Kleinschreibung
bei Zahlen ist nicht einfach.
Schlage die Zahlen
auf dem Bildschirm nach
und notiere dir für jede Zahl
mindestens zwei Beispiele
und die Seitenzahl.

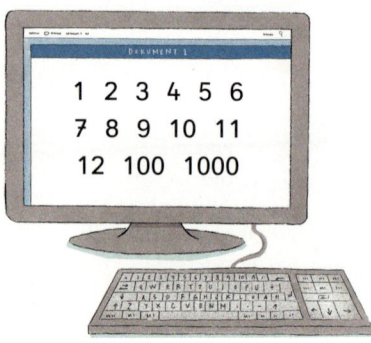

1 2 3 4 5 6
7 8 9 10 11
12 100 1000

Schreibe so:
eins (Seite ...):
ein Jahr alt, es ist halb eins;
aber: eine Eins schreiben, die Zahl Eins

6 Im Wasser zu Hause

S●●h●nd	Fl●sspf●rd	Gr●nl●ndw●l
F●sch	D●lf●n	Kr●bs
R●bb●	H●●	T●nt●nf●sch
G●ldf●sch	Kr●k●d●l	Kr●bb●

Hier wurden die Selbstlaute weggespült.
Erkennst du die Tiere trotzdem?
Schreibe so:
der Seehund, die Seehunde (Seite ...)

7 Ferien am Meer

Die starke Strömung hat die Wörter
ziemlich durcheinandergewirbelt.
Der erste Buchstabe ist rot gedruckt.
Setze die Wörter wieder richtig zusammen
und schreibe sie mit der Seitenzahl
nach Wortarten geordnet auf.
Schreibe so:

Nomen	Verben	Adjektive
die Welle	surfen	salzig
(Seite ...)	(Seite ...)	(Seite ...)

8 Geisterstunde: Monster, Gespenster und Vampire

Blut   Mond

Geist   Spuk

Nacht

Angst

Gruft   Schreck

lett
Ske

Vam
pir

ler
Kel

ter
Mons

se
haut
Gän

Ne
bel

spenst
Ge

Fle
maus
der

kel
heit
Dun

Ge
nis
heim

Entschlüssele die Nomen,
schlage sie nach
und notiere sie mit ihrem
Artikel (Begleiter)
und der Seitenzahl.
Schreibe so:
der Vampir (Seite ...), ...

→ Sortiere die einsilbigen Wörter nach dem Abc.
Schlage nach, schreibe den Artikel (Begleiter)
und die Seitenzahl hinzu.
Schreibe so:
die Angst (Seite ...), ...

9 Ein Reh im Schnee

die Heidelb●●re   das M●●l   der F●●ler

sich w●●ren   der T●●

die Schn●●flocke   die L●●ne   der T●●r

die F●●   der Verk●●r

das R●●   die M●●rjungfrau   die M●●rzahl

das B●●t   k●●ren

f●●len   st●●len   die Himb●●re

l●●r   s●●r

der Kl●●   z●●n   der S●●leopard

Hier sollst du entscheiden,
ob das Wort mit ee oder mit eh
geschrieben wird.

Schlage die Wörter nach,
sortiere sie in zwei Gruppen
und schreibe sie zusammen
mit der Seitenzahl auf.
Schreibe so:
Wörter mit ee: die Heidelbeere (Seite ...), ...
Wörter mit eh: das Mehl (Seite ...), ...

10 Bleib fit!

Kennst du diese Sportarten und Sportgeräte?
Schlage sie im Wörterbuch nach
und schreibe sie mit der Seitenzahl auf.
Schreibe so:

1 der Fußball (Seite ...)

Was tun diese Sportler?
Schreibe die Verben
mit allen Zeitformen
und der Seitenzahl auf.
Schreibe so:
1 werfen, sie wirft, sie warf, sie hat geworfen (Seite ...)

Wörter schwingen und deutlich sprechen

nachschlagen	murmeln	Marienkäfer
Konservendose	Illustration	Heidelbeere
fröhlich	explodieren	empfangen
Bewölkung	Armbanduhr	Wurm
Zungenbrecher	Thermometer	Spange

① Sprich die Wörter in Silben.
② Schreibe die Wörter ab
und zeichne Silbenbögen ein.

Re	Hö	Kü
Flö	fro	ste
ge	blü	verzei
frü	Rei	mä
se	Ze	glü
verste	hö	nä

he
hen
her

③ Welche Wörter kannst du bilden?
Setze die Silben zusammen
und markiere immer das h.

226

Wörter verlängern

der Erfol●	er pro●t	trauri●	die Wel●
es sin●t	du rau●st	er hu●t	tausen●
er ja●t	richti●	freun●lich	es klin●t
sie dan●t	der Fin●	das Gif●	der Lum●
er trä●t	du win●st	star●	wei●

① Entscheide, ob du d oder t, g oder k, b oder p
einsetzen musst.
Schreibe die Wörter mit ihrer Verlängerung auf.

- -

der Spa●	das Ga●	der Bewei●	wei●
das Gra●	hei●	der Strau●	das Moo●
das Lo●	der Prei●	der Gru●	der Fu●
die Mau●	gro●	der Hal●	der Krei●

② Entscheide, ob du s oder β einsetzen musst.
Schreibe die Wörter mit ihrer Verlängerung auf.

 Wörter ableiten

●ngstlich	der R●gen	sch●nken	der B●sen
tr●ffen	die L●nder	z●hlen	das Gem●lde
g●hen	die K●lte	das L●ben	gef●hrlich
kr●ftig	das H●md	der H●rd	die S●cke

① Musst du ä oder e ergänzen?
   Schreibe die Wörter richtig in eine Tabelle.

ä	e

die Sch●ne	h●te	die B●me	die Schl●che
die Str●ße	tr●	tr●men	h●fig
die L●te	das H●	die B●le	der Br●tigam
h●len	die B●che	d●tlicher	er l●ft

② Musst du äu oder eu ergänzen?
   Schreibe die Wörter richtig in eine Tabelle.

äu	eu

Länge des Selbstlautes prüfen

Nuss	legen	Lamm	Lama
Kino	Kiste	Strom	drucken
Platz	Bank	Spur	Vase

① Wird der markierte Selbstlaut lang oder kurz gesprochen?
Schreibe die Wörter in eine Tabelle.

Wörter mit langem Selbstlaut	Wörter mit kurzem Selbstlaut

- -

Nef/ffe	Nam/mme	kön/nnen	Prin/nnz
bak/cken	Saz/tz	fan/nngen	Bag/gger
Neb/bbel	Fal/lle	fal/llsch	Am/mmsel
Bal/llon	Hem/mmd	wiz/tzig	einpak/cken

② Wie heißen die Wörter?
③ Schreibe die Wörter mit kurzem Selbstlaut in eine Tabelle.

tz	ck	doppelter Mitlaut	verschiedene Mitlaute

229

 ## Nomen großschreiben

licht	die	museum	donner
fröhlichkeit	schnee	freund	läuft
gras	komisch	unter	dich
detektiv	abfall	dunkelheit	artikel
ermahnte	oft	onkel	unterricht
gefällt	dass	täglich	erschrecken
tag	brücke	platz	groß
schlauer	werkstatt	erfolg	märchen
meistens	salzig	hoffnung	wunsch
freizeit	schild	gesundheit	spur
lob	training	trocknete	frühling
raupe	sehr	geschluckt	frohsinn

① Welche Wörter sind Nomen?
Schreibe sie mit Artikel und der Mehrzahl auf.
Beachte: Manche Nomen gibt es nur in der Einzahl.

② Setze vor jedes Nomen ein passendes Adjektiv

und schreibe so: das helle Licht, ...

Merkwörter üben

① Schreibe die Merkwörter mit ä und langem i auf
und markiere das ä und das lange i.

② Schreibe die Merkwörter mit ai, chs und C/c auf
und markiere ai, chs und C/c.

wohnen	fehlen	die Mühle	mehr
die Fahne	fühlen	der Lohn	das Jahr
bohren	nehmen	der Lehrer	der Stuhl

③ Schreibe die Merkwörter mit Dehnungs-h auf,
markiere das Dehnungs-h
und ergänze ein verwandtes Wort.

Bildwörterbuch in 5 Sprachen

Übersicht

So benutzt du das Bildwörterbuch

> Ganz oben auf der Seite steht das Thema.

Tiere

Animals – Les animaux
Hayvanlar – Животные

> Hier findest du das Thema in:
> Englisch – Französisch
> Türkisch – Russisch

der Hund
dog
le chien
köpek
собака

die Katze
cat
le chat
kedi
кот

der Fisch
fish
le poisson
balık
рыба

der Hamster
hamster
le hamster
dağ faresi
хомяк

> Unter jedem Bild stehen die Wörter
> in 5 verschiedenen Sprachen:
> • Deutsche Wörter sind schwarz.
> • Englische Wörter sind grün.
> • Französische Wörter sind blau.
> • Türkische Wörter sind rot.
> • Russische Wörter sind violett.

My school – Mon école
Okulum – Моя школа

My school – Mon école
Okulum – Моя школа

die Lehrerin
teacher
la maîtresse
öğretmen
учительница

die Tafel
blackboard
le tableau
tahta
доска

das Pult
desk
la chaire
kürsü
учительский
стол

der Ranzen
school bag
le cartable
okul çantası
школьный
ранец

der Füller
pen
le stylo
dolma kalem
чернильная
ручка

der Bleistift
pencil
le crayon
kurşun kalem
карандаш

der Anspitzer
sharpener
le taille-crayon
kalemtıraş
точилка

die Federtasche
pencil case
la trousse
kalemlik
пенал

das Buch
book
le livre
kitap
книга

lesen
read
lire
okumak
читать

das Heft
exercise book
le cahier
defter
тетрадь

schreiben
write
écrire
yazmak
писать

My school – Mon école
Okulum – Моя школа

das Lineal
ruler
la règle
cetvel
линейка

zählen
count
compter
saymak
считать

das Papier
paper
le papier
kağıt
бумага

der Radier-gummi
rubber
la gomme
silgi
ластик

der Kleber
glue
la colle
yapıştırıcı
клей

die Schere
scissors
les ciseaux
makas
ножницы

malen
paint
dessiner
boyamak
рисовать

das Bild
picture
le dessin
resim
картинка

der Filzstift
felt-tip
le crayon-feutre
keçeli kalem
фломастер

der Buntstift
coloured pencil
le crayon de couleur
renkli kalem
цветной карандаш

der Pinsel
brush
le pinceau
fırça
кисть

der Malkasten
paint box
la boîte de couleurs
boya kutusu
набор красок

My school – Mon école
Okulum – Моя школа

die Pause
break
la récré
tenefüs
перемена

spielen
play
jouer
oynamak
играть

der Lehrer
teacher
le maître
öğretmen
учитель

das Pausenbrot
sandwich
le sandwich
tenefüs ekmeği
бутерброд для
перекуса

fangen
catch
jouer au chat
yakalamak
ловить

der Schulhof
school yard
la cour de
l'école
okul avlusu
школьный
двор

Hüpfkästchen
hopscotch
la marelle
seksek oyunu
классики

reden
chat
parler
konuşmak
разговаривать

My home – Ma maison
Evim – Мой дом

das Haus	die Tür	das Fenster	das Dach
house	door	window	roof
la maison	la porte	la fenêtre	le toit
ev	kapı	pencere	çatı
дом	дверь	окно	крыша

die Küche	der Herd	der Kühl-schrank	das Spülbecken
kitchen	cooker	refrigerator	sink
la cuisine	la cuisinière	le réfrigérateur	l'évier
mutfak	ocak	buzdolabı	bulaşık
кухня	плита	холодильник	lavabosu
			мойка

das Schlaf-zimmer	der Kleider-schrank	das Bett	die Matratze
bedroom	wardrobe	bed	mattress
la chambre à coucher	l'armoire	le lit	le matelas
yatak odası	elbise dolabı	yatak	döşek
спальня	платяной шкаф	кровать	матрас

My home – Ma maison
Evim – Мой дом

der Flur
corridor
le couloir
koridor
коридор

die Treppe
staircase
l'escalier
merdiven
лестница

der Keller
basement
la cave
bodrum
подвал

der Dachboden
attic
le grenier
çatı katı
чердак

der Schrank
cupboard
le placard
dolap
шкаф

der Topf
pot
la casserole
tencere
кастрюля

die Pfanne
pan
la poêle
tava
сковорода

der Kochlöffel
cooking spoon
la cuillère en
bois
tahta kaşık
поварёшка

die Bettdecke
blanket
la couverture
yorgan
одеяло

das Kopfkissen
pillow
l'oreiller
yastık
подушка

der Nachttisch
bedside table
la table de
nuit
komodin
прикроватная
тумбочка

der Wecker
alarm clock
le réveil
çalar saat
будильник

My home – Ma maison
Evim – Мой дом

das Bade-
zimmer
bathroom
la salle de bains
banyo
ванная комната

das Wasch-
becken
washbasin
le lavabo
lavabo
раковина

das Handtuch
towel
la serviette
havlu
полотенце

die Seife
soap
le savon
sabun
мыло

das Wohn-
zimmer
living room
le salon
oturma odası
гостиная

der Sessel
armchair
le fauteuil
koltuk
кресло

das Sofa
sofa
le canapé
kanepe
диван

das Regal
shelf
l'étagère
raf
полка

das Esszimmer
dining room
la salle à
manger
yemek odası
столовая

der Tisch
table
la table
masa
стол

die Tischdecke
tablecloth
la nappe
masa örtüsü
скатерть

der Stuhl
chair
la chais
sandalye
стул

My home – Ma maison
Evim – Мой дом

das WC
toilet
les toilettes
tuvalet
унитаз

die Dusche
shower
la douche
duş
душ

**die Bade-
wanne**
bath tub
la baignoire
küvet
ванна

der Spiegel
mirror
le miroir
ayna
зеркало

der Fernseher
TV
la télé
televizyon
телевизор

die Lampe
lamp
la lampe
lamba
лампа

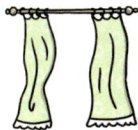

der Vorhang
curtain
le rideau
perde
занавеска

die Wolldecke
woollen blanket
la couverture
en laine
battaniye
шерстяное
одеяло

die Vase
vase
le vase
vazo
ваза

die Obstschale
fruit-dish
la coupe de
fruits
meyve tabağı
блюдо с
фруктами

die Pflanze
plant
la plante
bitki
растение

der Teppich
carpet
le tapis
halı
ковер

My family — Ma famille
Ailem – Моя семья

die Mutter
mother
la mère
anne
мать

der Vater
father
le père
baba
отец

die Schwester
sister
la sœur
kız kardeş
сестра

der Bruder
brother
le frère
erkek kardeş
брат

die Eltern
parents
les parents
anne ve baba
родители

die Geschwister
brothers and
sisters
les frères et
sœurs
kardeşler
братья и
сёстры

die Großmutter
grandmother
la grand-mère
nine
бабушка

der Großvater
grandfather
le grand-père
dede
дедушка

die Tante
aunt
la tante
teyze
тётя

der Onkel
uncle
l'oncle
dayı
дядя

Tiere

Animals – Les animaux
Hayvanlar – Животные

der Hund
dog
le chien
köpek
собака

die Katze
cat
le chat
kedi
кот

der Fisch
fish
le poisson
balık
рыба

der Hamster
hamster
le hamster
dağ faresi
хомяк

**der Wellen-
sittich**
budgerigar
la perruche
muhabbet
kuşu
волнистый
попугайчик

**das Meer-
schweinchen**
guinea pig
le cochon
d'Inde
hint domuzu
морская
свинка

der Papagei
parrot
le perroquet
papağan
попугай

das Kaninchen
rabbit
le lapin
tavşan
кролик

Tiere

Animals – Les animaux
Hayvanlar – Животные

die Kuh
cow
la vache
inek
корова

das Schwein
pig
le cochon
domuz
свинья

das Huhn
hen
la poule
tavuk
курица

das Schaf
sheep
le mouton
koyun
овца

das Pferd
horse
le cheval
at
лошадь

die Ente
duck
le canard
ördek
утка

der Hahn
cock
le coq
horoz
петух

der Frosch
frog
la grenouille
kurbağa
лягушка

der Vogel
bird
l'oiseau
kuş
птица

die Maus
mouse
la souris
fare
мышь

Animals – Les animaux
Hayvanlar – Животные

der Tiger
tiger
le tigre
kaplan
тигр

der Affe
monkey
le singe
maymun
обезьяна

der Elefant
elephant
l'éléphant
fil
слон

die Giraffe
giraffe
la girafe
zürafa
жираф

der Pinguin
penguin
le pingouin
penguen
пингвин

der Löwe
lion
le lion
aslan
лев

der Bär
bear
l'ours
ayı
медведь

das Nilpferd
hippopotamus
l'hippopotame
su aygırı
гиппопотам

das Krokodil
crocodile
le crocodile
timsah
крокодил

der Eisbär
polar bear
l'ours blanc
kutup ayısı
белый медведь

Food and drink – À table
Yemek ve İçmek – Еда и напитки

das Gemüse
vegetables
les légumes
sebze
овощи

die Möhre
carrot
la carotte
havuç
морковь

der Kohl
cabbage
le chou
lahana
капуста

der Salat
salad
la salade
salata
салат

die Kartoffel
potato
la pomme de terre
patates
картофель

die Nudeln
pasta
les pâtes
makarna
макароны

der Reis
rice
le riz
pirinç
рис

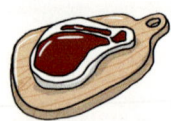   

das Fleisch
meat
la viande
et
мясо

das Würstchen
sausage
la saucisse
sosis
сосиска

das Fisch- stäbchen
fish finger
le bâtonnet de poisson
donmuş balık köftesi
рыбная палочка

Food and drink – À table
Yemek ve İçmek – Еда и напитки

der Apfel
apple
la pomme
elma
яблоко

die Kirsche
cherry
la cerise
kiraz
вишня

die Banane
banana
la banane
muz
банан

die Birne
pear
la poire
armut
груша

die Erdbeere
strawberry
la fraise
çilek
клубника

die Gurke
cucumber
le concombre
salatalık
огурец

die Tomate
tomato
la tomate
domates
помидор

das Eis
ice cream
la glace
dondurma
мороженое

der Kuchen
cake
le gâteau
kek
пирог

die Schokolade
chocolate
le chocolat
çikolata
шоколад

247

Food and drink – À table
Yemek ve İçmek – Еда и напитки

das Brot
bread
le pain
ekmek
хлеб

das Brötchen
roll
le petit pain
küçük ekmek
булочка

die Butter
butter
le beurre
tereyağı
масло

die Marmelade
jam
la confiture
marmelat
варенье

das Müsli
muesli
les céréales
müsli
мюсли

die Milch
milk
le lait
süt
молоко

das Messer
knife
le couteau
bıçak
нож

der Teller
plate
l'assiette
tabak
тарелка

die Tasse
cup
la tasse
fincan
чашка

der Löffel
spoon
la cuillère
kaşık
ложка

Food and drink – À table
Yemek ve İçmek – Еда и напитки

das Ei
egg
l'œuf
yumurta
яйцо

der Käse
cheese
le fromage
peynir
сыр

der Schinken
ham
le jambon
domuz budu
ветчина

die Gabel
fork
la fourchette
çatal
вилка

das Obst
fruit
les fruits
meyve
фрукты

der Joghurt
yoghurt
le yaourt
yoğurt
йогурт

das Glas
glass
le verre
bardak
стакан

der Saft
juice
le jus
meyve suyu
сок

der Kaffee
coffee
le café
kahve
кофе

der Tee
tea
le thé
çay
чай

essen
eat
manger
yemek
есть

trinken
drink
boire
içmek
пить

My body – Mon corps
Vücudum – Моё тело

die Schulter
shoulder
l'épaule
omuz
плечо

der Kopf
head
la tête
kafa
голова

die Hand
hand
la main
el
рука

der Finger
finger
le doigt
parmak
палец

der Arm
arm
le bras
kol
рука

der Rücken
back
le dos
sırt
спина

der Hintern
bottom
le derrière
popo
зад

der Bauch
belly
le ventre
karın
живот

das Bein
leg
la jambe
bacak
нога

der Zeh
toe
le doigt
de pied
ayak parmağı
палец на ноге

der Fuß
foot
le pied
ayak
нога

das Knie
knee
le genou
diz
колено

My body – Mon corps
Vücudum – Моё тело

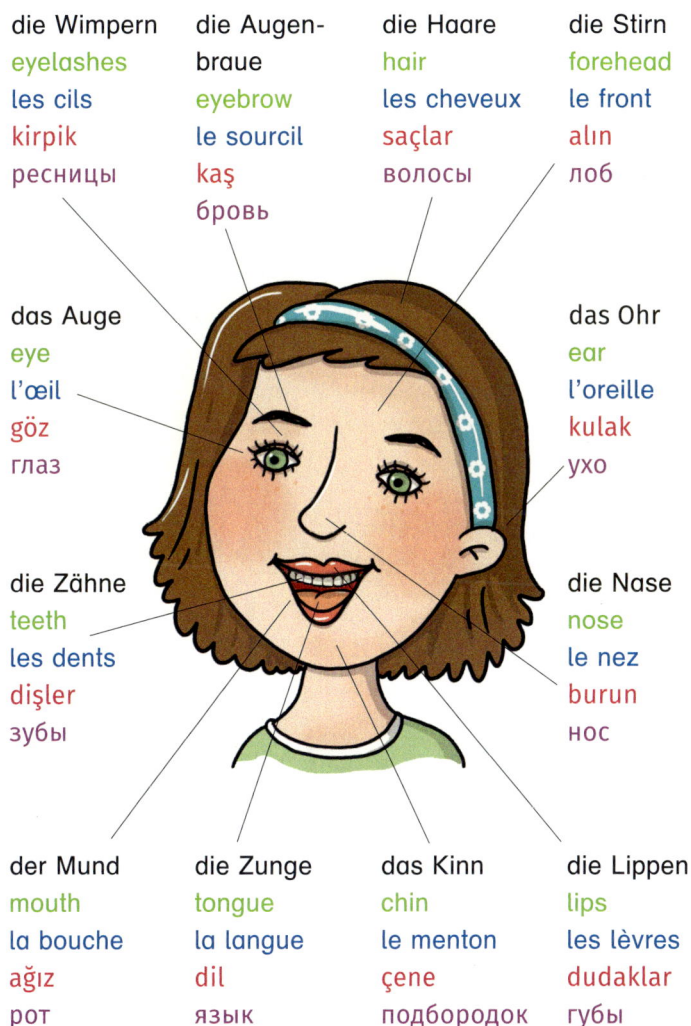

die Wimpern
eyelashes
les cils
kirpik
ресницы

die Augen-braue
eyebrow
le sourcil
kaş
бровь

die Haare
hair
les cheveux
saçlar
волосы

die Stirn
forehead
le front
alın
лоб

das Auge
eye
l'œil
göz
глаз

das Ohr
ear
l'oreille
kulak
ухо

die Zähne
teeth
les dents
dişler
зубы

die Nase
nose
le nez
burun
нос

der Mund
mouth
la bouche
ağız
рот

die Zunge
tongue
la langue
dil
язык

das Kinn
chin
le menton
çene
подбородок

die Lippen
lips
les lèvres
dudaklar
губы

251

Mein Kleiderschrank

My wardrobe – Mon armoire
Elbise Dolabım – Мой платяной шкаф

der Pullover
pullover
le pull-over
kazak
свитер

das T-Shirt
t-shirt
le t-shirt
tişört
футболка

die Hose
trousers
le pantalon
pantalon
брюки

das Kleid
dress
la robe
elbise
платье

der Schlaf-anzug
pyjamas
le pyjama
pijama
пижама

das Nachthemd
nightie
la chemise de nuit
gecelik
ночная рубашка

der Rock
skirt
la jupe
etek
юбка

das Hemd
shirt
la chemise
gömlek
рубашка

die Jeans
jeans
le jean
kot
джинсы

die Socken
socks
les chaussettes
çorap
носки

My wardrobe – Mon armoire
Elbise Dolabım – Мой платяной шкаф

die Jacke
jacket
la veste
ceket
куртка

der Schal
scarf
l'écharpe
atkı
шарф

der Hut
hat
le chapeau
şapka
шляпа

die Schuhe
shoes
les chaussures
ayakkabı
ботинки

**der Regen-
schirm**
umbrella
le parapluie
şemsiye
зонт

die Pudelmütze
bobble cap
le bonnet
yünlü başlık
шапка с
помпоном

der Mantel
coat
le manteau
palto
пальто

die Stiefel
boots
les bottes
çizme
сапоги

die Kappe
cap
la casquette
başlık
кепка с
козырьком

die Handschuhe
mittens
les gants
eldivenler
перчатки

Numbers – Les chiffres
Sayılar – Цифры

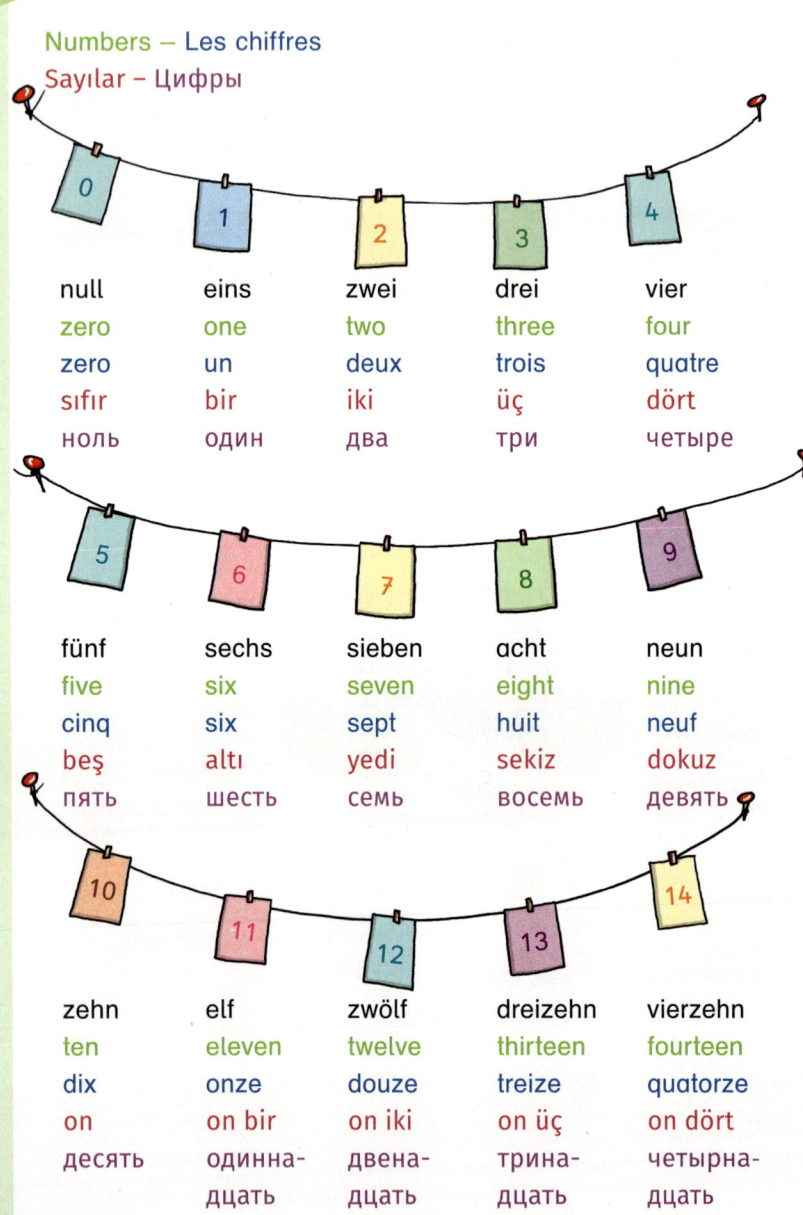

null	**eins**	**zwei**	**drei**	**vier**
zero	one	two	three	four
zero	un	deux	trois	quatre
sıfır	bir	iki	üç	dört
ноль	один	два	три	четыре

fünf	**sechs**	**sieben**	**acht**	**neun**
five	six	seven	eight	nine
cinq	six	sept	huit	neuf
beş	altı	yedi	sekiz	dokuz
пять	шесть	семь	восемь	девять

zehn	**elf**	**zwölf**	**dreizehn**	**vierzehn**
ten	eleven	twelve	thirteen	fourteen
dix	onze	douze	treize	quatorze
on	on bir	on iki	on üç	on dört
десять	одинна-дцать	двена-дцать	трина-дцать	четырна-дцать

Numbers — Les chiffres
Sayılar – Цифры

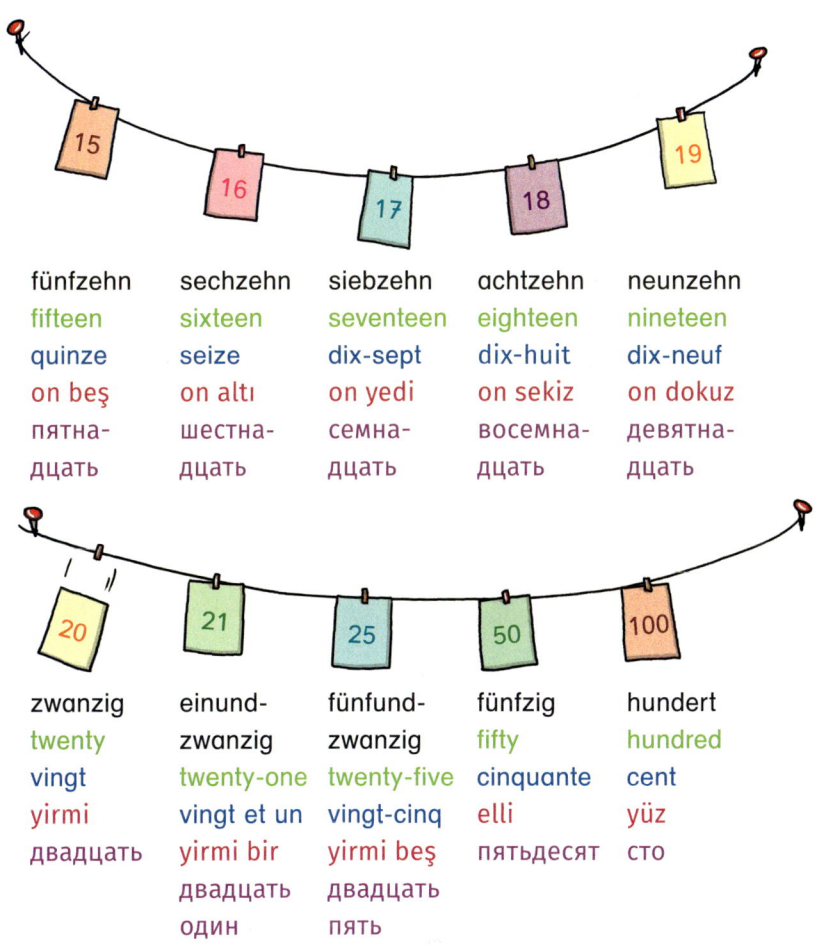

fünfzehn	**sechzehn**	**siebzehn**	**achtzehn**	**neunzehn**
fifteen	sixteen	seventeen	eighteen	nineteen
quinze	seize	dix-sept	dix-huit	dix-neuf
on beş	on altı	on yedi	on sekiz	on dokuz
пятна-дцать	шестна-дцать	семна-дцать	восемна-дцать	девятна-дцать

zwanzig	**einund-zwanzig**	**fünfund-zwanzig**	**fünfzig**	**hundert**
twenty	twenty-one	twenty-five	fifty	hundred
vingt	vingt et un	vingt-cinq	cinquante	cent
yirmi	yirmi bir	yirmi beş	elli	yüz
двадцать	yirmi bir двадцать один	двадцать пять	пятьдесят	сто

Farben

Colours – Les couleurs
Renkler – Цвета

blau
blue
bleu
mavi
синий

rot
red
rouge
kırmızı
красный

gelb
yellow
jaune
sarı
жёлтый

schwarz
black
noir
siyah
чёрный

lila
purple
violet
mor
лиловый

grün
green
vert
yeşil
зелёный

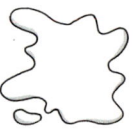

weiß
white
blanc
beyaz
белый

braun
brown
marron
kahverengi
коричневый

kariert
checked
quadrillé
kareli
в клеточку

gestreift
striped
rayé
çizgili
в полоску

gepunktet
spotted
pointé
noktalı
в горошинку

bunt
multicoloured
multicolore
renkli
разноцветный

Emotions and senses – Les sentiments et sens
Duygular ve Duyular – Эмоции и чувства

müde
tired
fatigué
yorgun
усталый

wütend
furious
furieux
kızgın
рассер-
женный

riechen
smell
sentir
koklamak
обонять

hören
hear
entendre
işitmek
слышать

fröhlich
happy
joyeux
neşeli
радостный

sehen
see
voir
görmek
видеть

traurig
sad
triste
üzgün
грустный

ängstlich
frightened
peureux
korkak
боязливый

schmecken
taste
goûter
tatmak
пробовать на
вкус

tasten
touch
toucher
hissetmek
осязать

Durch das Jahr

Through the year – Au cours de l'année
Bütün Sene – Чередование времён года

der Herbst
autumn
l'automne
sonbahar
осень

windig
windy
venteux
rüzgarlı
ветрено

der Winter
winter
l'hiver
kış
зима

heiß
hot
chaud
sıcak
жарко

kalt
cold
froid
soğuk
холодно

der Sommer
summer
l'été
yaz
лето

sonnig
sunny
ensoleillé
güneşli
солнечно

der Frühling
spring
le printemps
ilkbahar
весна

Through the year – Au cours de l'année
Bütün Sene – Чередование времён года

der Januar
January
le janvier
ocak
январь

der Februar
February
le février
şubat
февраль

der März
March
le mars
mart
март

der April
April
l'avril
nisan
апрель

der Mai
May
le mai
mayıs
май

der Juni
June
le juin
haziran
июнь

der Juli
July
le juillet
temmuz
июль

der August
August
l'août
ağustos
август

der September
September
le septembre
eylül
сентябрь

der Oktober
October
l'octobre
ekim
октябрь

der November
November
le novembre
kasım
ноябрь

der Dezember
December
le décembre
aralık
декабрь

Days of the week and times – Les jours de la semaine et l'heure
Haftanın Günleri ve Saatler – Дни недели и часы

die Woche
week
la semaine
hafta
неделя

der Montag
Monday
le lundi
pazartesi
понедельник

der Dienstag
Tuesday
le mardi
salı
вторник

der Mittwoch
Wednesday
le mercredi
çarşamba
среда

der Donnerstag
Thursday
le jeudi
perşembe
четверг

der Freitag
Friday
le vendredi
cuma
пятница

der Samstag
Saturday
le samedi
cumartesi
суббота

der Sonntag
Sunday
le dimanche
pazar
воскресенье

morgens
in the morning
le matin
sabahları
утром

mittags
at midday
à midi
öğlenleri
обеденное
время

abends
in the evening
le soir
akşamları
вечером

nachts
at night
la nuit
geceleri
ночью

Days of the week and times – Les jours de la semaine et l'heure
Haftanın Günleri ve Saatler – Дни недели и часы

sieben Uhr
seven o'clock
sept heures
saat yedi
семь часов

aufstehen
get up
se lever
kalkmak
вставать

elf Uhr
eleven o'clock
onze heures
saat onbir
одиннадцать
часов

im Unterricht
in class
pendant la
leçon
derste
во время урока

**viertel nach
drei**
a quarter past
three
trois heures et
quart
üçü çeyrek
geçe
пятнадцать
минут
четвёртого

**Hausaufgaben
machen**
do homework
faire ses
devoirs
ev ödevi
yapmak
делать
домашнее
задание

halb fünf
half past four
quatre heures
et demie
dört buçuk
половина
пятого

acht Uhr
eight o'clock
huit heures
saat sekiz
восемь часов

Freizeit
free time
les loisirs
boş zaman
свободное
время

schlafen gehen
go to bed
aller se coucher
yatmaya gitmek
идти спать

Hobbys

Hobbies – Les hobbies
Hobiler – Хобби

Fußballspielen
playing football
jouer au
football
futbol oynamak
игра в футбол

Reiten
riding a horse
faire du cheval
ata binmek
верховая езда

Schwimmen
swimming
nager
yüzmek
плавание

Radfahren
riding a bike
faire du vélo
bisiklete
binmek
катание на
велосипеде

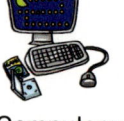

Stickersammeln
collecting
stickers
collectionner
des auto-
collants
sticker
toplamak
коллекциони-
рование
наклеек

Computerspiele
computer games
les jeux vidéo
bilgisayar
oyunları
компьютерные
игры

Klavierspielen
playing the
piano
jouer du piano
piyano çalmak
игра на
фортепиано

Brettspiele
board games
les jeux de
société
tahta oyunları
настольные
игры

Gitarrespielen
playing guitar
jouer de la
guitare
gitar çalmak
игра на гитаре

Skateboarden
skateboarding
faire du skate
kaykay
катание на
скейтборде

Lesen
reading
lire
okumak
чтение

Traffic – La circulation routière
Trafik – Дорожное движение

die Ampel
traffic light
le feu
trafik lambası
светофор

das Auto
car
la voiture
araba
машина

die Straße
road
la rue
cadde
дорога

der Bus
bus
l'autobus
otobüs
автобус

der Zebra-streifen
zebra crossing
le passage clouté
yaya geçidi
пешеходный переход

das Stopp-schild
stop sign
le stop
dur işareti
движение без остановки запрещено

der Fahrrad-helm
bicycle helmet
le casque de vélo
kask
велосипедный шлем

der Kranken-wagen
ambulance
l'ambulance
ambülans
машина скорой помощи

das Motorrad
motorcycle
le motocycle
motosiklet
мотоцикл

der Lkw
lorry
le camion
kamyon
грузовик

das Fahrrad
bicycle
le vélo
bisiklet
велосипед

der Fußgänger
pedestrian
le piéton
yaya
пешеход

Laute und Buchstaben

Aa, Ee, Ii, Oo, Uu sind **Selbstlaute** (Vokale).
Alle anderen Buchstaben des Abc sind **Mitlaute** (Konsonanten).

Das Abc heißt auch **Alphabet**.

Ää, Öö, Üü sind **Umlaute**.
Au / au, Ei / ei, Eu / eu, Ai / ai sind **Zwielaute** (Doppellaute).
Umlaute und Zwielaute sind besondere Selbstlaute.

Wörter und Wortfamilien

Wörter bestehen aus **Silben**.
Manche Wörter haben nur eine Silbe.
In jeder Silbe ist ein Selbstlaut, Umlaut oder Zwielaut.
Zum Beispiel:
Grundschulzeit, Spaß

Wörter mit demselben **Wortstamm**
gehören zu einer **Wortfamilie**.
Manchmal verändert sich der Wortstamm leicht.
Zum Beispiel:
laufen, gelaufen, er läuft, der Läufer

An einen Wortstamm kann man **Wortbausteine** anfügen.
Zum Beispiel:

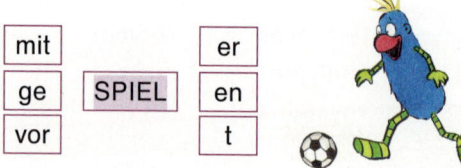

Wortarten

Bei Wörtern kann man verschiedene **Wortarten** unterscheiden.
Zum Beispiel:
- Nomen
- Adjektive
- Verben
- Artikel
- Pronomen
- Präpositionen

Adjektive

Adjektive geben an, **wie** etwas ist.
Viele Adjektive haben **Vergleichsstufen**.
Zum Beispiel:
Quiesel ist groß.
Ein Elefant ist größer.
Ein Wal ist am größten.

Wenige Adjektive haben keine Vergleichsstufen.
Zum Beispiel:
leer, offen

Artikel (Begleiter)

Artikel stehen beim Nomen.
Es gibt **bestimme Artikel**: der, die, das.
Es gibt **unbestimmte Artikel**: ein, eine.

der
die
das
ein
eine

Verben

Verben geben an, was jemand **tut** oder was **geschieht**.
Sie haben eine **Grundform** (Infinitiv) und **Personalformen**.
Bei den Personalformen verändern sich die Verben.
Zum Beispiel:

gehen – sie geht
laufen – ich laufe
singen – wir singen
fliegen – ihr fliegt

Verben zeigen die Zeit an, in der etwas geschieht.
Verben können in der **Gegenwart** (Präsens) und
in verschiedenen Vergangenheitsformen stehen.
Beim Sprechen verwendet man häufig die
zusammengesetzte Vergangenheit (Perfekt).
Beim Schreiben verwendet man häufig die
einfache Vergangenheit (Präteritum).
Zum Beispiel:

er fliegt   ich lache
er ist geflogen   ich habe gelacht
er flog   ich lachte

Die **Zukunftsform** (Futur) beschreibt,
was passieren kann oder passieren wird.
Zum Beispiel:

er wird fliegen   ich werde lachen

Nomen

Nomen sind **Namen** für Menschen, Tiere, Pflanzen und
Dinge und auch Namen, die Gedanken, Gefühle,
Ideen und Zustände bezeichnen.
Nomen gibt es in der **Einzahl** (Singular) und
in der **Mehrzahl** (Plural).
Zum Beispiel: der Tiger – die Tiger
                   die Freundin – die Freundinnen
                   das Erlebnis – die Erlebnisse

Nomen können einen **Artikel** haben.
Zum Beispiel: der Tiger, ein Tiger
                   die Freundin, eine Freundin
                   das Erlebnis, ein Erlebnis

Am bestimmten Artikel erkennt man, ob ein
Nomen männlich, weiblich oder sächlich ist.

Nomen schreibt man **groß**.
Wörter mit den **Wortbausteinen** -ung, -heit, -keit,
-nis, -schaft oder -tum am Wortende sind Nomen.
Vor jedes Nomen kann man ein Adjektiv setzen.
Zum Beispiel: die **müde K**atze, das **schöne E**rleb**nis**

Wenn man Nomen zusammensetzt,
kann man sich genauer ausdrücken.
Das erste Wort ist das **Bestimmungswort**,
das zweite Wort das **Grundwort**.
Der Artikel richtet sich nach dem Grundwort.
Zum Beispiel: der Hund + **die** Hütte = **die** Hundehütte

Sätze und Satzzeichen

Am Ende eines Satzes steht ein **Satzzeichen**.

Am Ende eines **Aussagesatzes** steht ein **Punkt**.
Am Ende einer **Frage** steht ein **Fragezeichen**.
Nach **Ausrufen** und **Aufforderungen** steht oft ein
Ausrufezeichen.

Zum Beispiel: Quiesel geht in die Schule**.**
Geht er gern in die Schule**?**
Ja**!** Dort trifft er seine Freunde.

Das erste Wort im Satz schreibt man **groß**.
Zum Beispiel: **D**ie Kinder freuen sich
auf den Besuch im Zirkus.

Zwischen Wörtern, die etwas **aufzählen**,
werden **Kommas** gesetzt.
Zum Beispiel: Quiesel isst in der Pause
ein Brot**,** einen Apfel**,** drei Nüsse**,**
eine Möhre und ein Stück Gurke.

Was jemand spricht, nennt man **wörtliche Rede**.
Im **Begleitsatz** steht, wer spricht und wie gesprochen wird.

Satzzeichen bei der wörtlichen Rede:
Begleitsatz   : „ wörtliche Rede .?! "
„ wörtliche Rede (Aussage)   " , Begleitsatz   .
„ wörtliche Rede (Frage)   ? " , Begleitsatz   .
„ wörtliche Rede (Ausruf
oder Aufforderung)   ! " , Begleitsatz   .

Wo ist Quiesel?

Satzglieder

Satzglieder sind **Teile eines Satzes**.
Man kann sie durch **Umstellen** erkennen.

Das Satzglied, das auf die Frage **Wer oder was …?** antwortet,
ist das <u>Subjekt</u>.

Das Satzglied, das auf die Frage **Was tut/tun …?** antwortet,
ist das <u>Prädikat</u>.

Das Satzglied, das auf die Frage **Wen oder was …?** antwortet,
ist die <u>Wen-oder-was-Ergänzung</u> (Akkusativ-Objekt).

Das Satzglied, das auf die Frage **Wem …?** antwortet,
ist die <u>Wem-Ergänzung</u> (Dativ-Objekt).

Die <u>Ortsergänzung</u> informiert über Orte.
Sie antwortet auf die Fragen **Wo …?**, **Woher …?**
und **Wohin …?**.

Die <u>Zeitergänzung</u> informiert über Zeiten.
Sie antwortet auf die Fragen **Wann …?**,
Wie oft …?, **Seit wann …?** und **Wie lange …?**.

Das Satzglied, das auf die Fragen **Wie …?**,
Wie viel …? und **Womit …?** antwortet,
ist die <u>Ergänzung der Art und Weise</u>.

Zum Beispiel: Am Morgen begegnet Quiesel
                 vor dem Haus seinen Freunden.
                 Gemeinsam haben sie tolle Ideen.

1 Zauberei (Seite 55)

TRICK

---

2 Im Zirkus (Seite 56)

Die Zuschauer sitzen im Zelt (Seite 54)
und freuen sich auf die Vorstellung.
Zuerst kommt ein Löwe (Seite 30),
dann ein Elefant (Seite 15)
und schließlich ein Affe (Seite 8)
mit einem Rad (Seite 37).
Ein Bär (Seite 9) spielt mit Bällen (Seite 9).
Dann kommt der Clown (Seite 12)
und alle müssen lachen.
Zum Schluss zaubert ein Mann
einen Hasen (Seite 22) aus dem Hut.
Das war ein schöner Abend!

---

3 Wörtersuche nach dem Abc (Seite 57)

⟶   Bei c, x und y sind keine Verben zu finden.

6 Die Zeit vergeht wie im Fluge (Seite 58)

morgens (Seite 32), nachmittags (Seite 32),
der Abend (Seite 8), die Nacht (Seite 32),
die Uhr (Seite 48)
der Kalender (Seite 26), die Sekunde (Seite 42),
die Minute (Seite 31), die Stunde (Seite 45),
der Tag (Seite 46)
die Woche (Seite 52), der Monat (Seite 31),
das Jahr (Seite 25), gestern (Seite 21),
heute (Seite 23)

---

7 Die Jahreszeiten (Seite 59)

der Herbst (Seite 23), der Winter (Seite 52),
der Frühling (Seite 20), der Sommer (Seite 43)

---

8 Einladung zur Familienfeier (Seite 60)

die Mutter, die Mütter (Seite 21)
das Kind, die Kinder (Seite 27)
der Vater, die Väter (Seite 49)
die Tante, die Tanten (Seite 46)
der Bruder, die Brüder (Seite 12)
die Oma, die Omas (Seite 34)

8 Einladung zur Familienfeier (Seite 60, Fortsetzung)

der Opa, die Opas (Seite 34)

der Onkel, die Onkel (Seite 34)

die Eltern (Seite 15)

die Schwester, die Schwestern (Seite 42)

----

9 Runde Ecken und feste Flüssigkeiten? (Seite 61)

① dunkel (Seite 14) – hell (Seite 23)

② spät (Seite 44) – früh (Seite 19)

③ laut (Seite 29) – leise (Seite 29)

④ fest (Seite 18) – flüssig (Seite 18)

⑤ kurz (Seite 28) – lang (Seite 28)

⑥ weit (Seite 51) – eng (Seite 15)

⑦ schlecht (Seite 40) – gut (Seite 21)

⑧ rund (Seite 39) – eckig (Seite 15)

⑨ hart (Seite 22) – weich (Seite 51)

⑩ reich (Seite 38) – arm (Seite 8)

⑪ langsam (Seite 28) – schnell (Seite 41)

⑫ alt (Seite 8) – jung (Seite 25)

⑬ klein (Seite 27) – groß (Seite 21)

⑭ dick (Seite 13) – dünn (Seite 14)

⑮ leicht (Seite 29) – schwer (Seite 42)

Seite 62, Aufgabe 2

Samstag	zwei	Fenster	Raupe
Aufgabe	Freundin	träumen	von
Fantasie	pflanzen	wegfliegen	November

Seite 62, Aufgabe 3

Affe, Bild, Mixer, Igel, Moos, Gesicht, Raupe,
neu / nie, Sturm, wohnen, Tisch, weit

Seite 62, Aufgabe 4

der Apfel, der Reifen, der Flügel, der Finger,
der Räuber, der Garten, der Wecker

Seite 63, Aufgabe 1

die Felder – das Feld, die Bilder – das Bild,
die Düfte – der Duft, gesunde – gesund,
die Abende – der Abend, die Brote – das Brot,
fremde – fremd, die Hunde – der Hund,
kälter – kalt, die Äste – der Ast,
sandig – der Sand, die Freunde – der Freund

Seite 63, Aufgabe 2

die Montage – der Montag, stärker – stark,
die Tage – der Tag, die Vorträge – der Vortrag,
die Bänke – die Bank, neugierige – neugierig,
sandige – sandig, die Musiker – die Musik,
die Verträge – der Vertrag, die Dinge – das Ding,
die Wege – der Weg, die Schränke – der Schrank

Seite 63, Aufgabe 3

gelbe – gelb, die Mikroskope – das Mikroskop,
lieber – lieb, staubig – der Staub,
die Stäbe – der Stab, die Siebe – das Sieb,
die Körbe – der Korb, die Kälber – das Kalb,
plumpe – plump

Seite 64, Aufgabe 1

warm – wärmen – die Wärme
der Fehler – gefehlt – fehlen
bewohnt – wohnen – die Wohnung
wissen – die Wissenschaft – der Mitwisser
hoffen – gehofft – die Hoffnung

Seite 64, Aufgabe 2

Beispiele: der Bäcker – backen, gezählt – die Zahl,
wählen – die Wahl, ängstlich – die Angst,
die Mäuse – die Maus, die Räume – der Raum,
läuten – laut, der Läufer – laufen,
erwärmen – warm, häufig – der Haufen,
die Säcke – der Sack, die Bäume – der Baum,
die Kräuter – das Kraut, kälter – kalt,
die Fäuste – die Faust, täglich – der Tag

Seite 65, Aufgabe 1

Wörter mit langem Selbstlaut	Wörter mit kurzem Selbstlaut	
Nase	Schiff	Mund
Blume	Fenster	falten
Rad	voll	hell
Tor	Milch	Welt

Seite 65, Aufgabe 2

Wörter mit kurzem Selbstlaut und verschiedenen Mitlauten		Wörter mit kurzem Selbstlaut und doppeltem Mitlaut	
Satz	Ding	Affe	Zimmer
Ampel	Finger	Blatt	Ball
Bank	Stift	Fell	Quelle
Axt	Turm	Sonne	Klasse

Seite 66, Aufgabe 1

Menschen:

der Vater – die Väter, das Baby – die Babys,
das Kind – die Kinder, die Frau – die Frauen

Tiere:

die Raupe – die Raupen, die Ziege – die Ziegen,
der Fisch – die Fische, der Pinguin – die Pinguine

Pflanzen:

das Gras – die Gräser, die Birne – die Birnen,
der Baum – die Bäume, die Blume – die Blumen

Dinge:

der Tisch – die Tische, der Wecker – die Wecker,
die Hose – die Hosen, das Auto – die Autos

Seite 66, Aufgabe 2

das Fahrrad, der Freund, das Fenster, die Gurke,
das Geld, die Kiste, der Platz

Seite 67, Aufgabe 1

der Vogel, vier, der Vampir, der Vater,
die Vase, der Vertrag, die Villa

Seite 67, Aufgabe 2

das Haar, das Moor, das Meer, der Zoo,
der Tee, das Boot, das Paar, die Waage,
der Schnee, das Moos, der See, der Saal

Seite 67, Aufgabe 3

das Pony, das Taxi, das Xylofon, der Mixer,
der Teddy, die Hexe, der Boxer

Lösungen 3/4

1 Gib Gas! (Seite 217)

① rasen (Seite 163)

② Geige (Seite 116)

③ spazieren (Seite 183)

④ verboten (Seite 200)

⑤ flattern (Seite 110)

⑥ Tipp (Seite 193)

⑦ Kapuze (Seite 131)

⑧ Plastiktüte (Seite 159)

⑨ hasten (Seite 123)

⑩ Heizung (Seite 124)

⑪ dreißig (Seite 98)

⑫ Windrose (Seite 210)

⑬ grimmig (Seite 120)

⑭ kommen (Seite 135)

⑮ Einsatz (Seite 101)

----

2 Fremdwörter verstehen? Kein Problem! (Seite 218)

① das Quartier: Unterkunft (Seite 162)

② die Termite: Insekt (Seite 193)

③ das Prädikat: Satzaussage (Seite 159)

④ der Experte: Fachmann (Seite 107)

⑤ das Projekt: Vorhaben (Seite 160)

⑥ die Skala: Maßeinteilung (Seite 181)

⑦ der Plural: Mehrzahl (Seite 159)

⑧ das Symbol: Zeichen (Seite 190)

⑨ die Reserve: Vorrat (Seite 166)

⑩ der Reflektor: Rückstrahler (Seite 164)

⑪ der Singular: Einzahl (Seite 181)

⑫ das Subjekt: Satzgegenstand (Seite 190)

3 Wie wird das Wetter morgen? (Seite 218)

warm, wärmer, am wärmsten (Seite 207)

matschig, matschiger, am matschigsten (Seite 145)

kalt, kälter, am kältesten (Seite 130)

glatt, glatter, am glattesten (Seite 119)

kühl, kühler, am kühlsten (Seite 137)

stürmisch, stürmischer, am stürmischsten (Seite 189)

heiß, heißer, am heißesten (Seite 123)

heiter, heiterer, am heitersten (Seite 123)

windig, windiger, am windigsten (Seite 210)

sonnig, sonniger, am sonnigsten (Seite 182)

schön, schöner, am schönsten (Seite 175)

dunkel, dunkler, am dunkelsten (Seite 99)

nass, nasser/nässer, am nassesten/nässesten (Seite 151)

trocken, trockener, am trockensten (Seite 195)

---

4 Was willst du einmal werden? (Seite 219)

① der Architekt, die Architektin (Seite 77)

② der Gärtner, die Gärtnerin (Seite 115)

③ der Polizist, die Polizistin (Seite 159)

④ der Arzt, die Ärztin (Seite 78)

⑤ der Erzieher, die Erzieherin (Seite 107)

⑥ der Pilot, die Pilotin (Seite 158)

⑦ der Astronaut, die Astronautin (Seite 78)

⑧ der Künstler, die Künstlerin (Seite 138)

⑨ der Schriftsteller, die Schriftstellerin (Seite 175, Seite 176)

⑩ der Friseur, die Friseurin (Seite 113)

⑪ der Lehrer, die Lehrerin (Seite 140)

⑫ der Apotheker, die Apothekerin (Seite 77)

⑬ der Verkäufer, die Verkäuferin (Seite 201)

⑭ der Artist, die Artistin (Seite 78)

5 Zahlencode (Seite 220)

eins (Seite 101)

zwei (Seite 216)

drei (Seite 98)

vier (Seite 204)

fünf (Seite 114)

sechs (Seite 178)

sieben (Seite 180)

acht (Seite 73)

neun (Seite 152)

zehn (Seite 213)

elf (Seite 102)

zwölf (Seite 216)

hundert (Seite 126)

tausend (Seite 192)

Beispiele findest du auf den angegebenen Seiten.

---

6 Im Wasser zu Hause (Seite 220)

der Seehund, die Seehunde (Seite 178)

das Flusspferd, die Flusspferde (Seite 111)

der Grönlandwal, die Grönlandwale (Seite 120)

der Fisch, die Fische (Seite 110)

der Delfin, die Delfine (Seite 95)

der Krebs, die Krebse (Seite 137)

die Robbe, die Robben (Seite 166)

der Hai, die Haie (Seite 122)

der Tintenfisch, die Tintenfische (Seite 193)

der Goldfisch, die Goldfische (Seite 119)

das Krokodil, die Krokodile (Seite 137)

die Krabbe, die Krabben (Seite 136)

7 Ferien am Meer (Seite 221)

Nomen:

die Welle (Seite 208), das Watt (Seite 207),
der Fischer (Seite 110), der Kutter (Seite 138),
die Ostsee (Seite 155), das Meer (Seite 145),
die Möwe (Seite 148), die Muschel (Seite 149),
der Strand (Seite 188), die Nordsee (Seite 153),
das Schiff (Seite 172), das Wasser (Seite 207)

Verben:

surfen (Seite 190), tauchen (Seite 192),
schwimmen (Seite 178), segeln (Seite 179)

Adjektive:

salzig (Seite 169), sonnig (Seite 182),
sandig (Seite 169), windig (Seite 210)

----

8 Geisterstunde: Monster, Gespenster und Vampire (Seite 222)

der Vampir (Seite 200), die Gänsehaut (Seite 115),
das Gespenst (Seite 118), die Fledermaus (Seite 110),
das Skelett (Seite 181), der Keller (Seite 132),
das Monster (Seite 147), der Nebel (Seite 151),
die Dunkelheit (Seite 99), das Geheimnis (Seite 116)

→ die Angst (Seite 76), das Blut (Seite 89),
der Geist (Seite 117), die Gruft (Seite 121),
der Mond (Seite 147), die Nacht (Seite 150),
der Schreck (Seite 175), der Spuk (Seite 185)

9 Ein Reh im Schnee (Seite 223)

Wörter mit ee:

die Heidelbeere (Seite 123), der Tee (Seite 192),
die Schneeflocke (Seite 174), der Teer (Seite 192),
die Fee (Seite 109), die Meerjungfrau (Seite 145),
das Beet (Seite 83), die Himbeere (Seite 125),
leer (Seite 140), der Klee (Seite 133),
der Seeleopard (Seite 178)

Wörter mit eh:

das Mehl (Seite 145), der Fehler (Seite 109),
sich wehren (Seite 208), die Lehne (Seite 140),
der Verkehr (Seite 201), das Reh (Seite 165),
die Mehrzahl (Seite 145), kehren (Seite 132),
fehlen (Seite 109), stehlen (Seite 186),
sehr (Seite 179), zehn (Seite 213)

----

10 Bleib fit! (Seite 224)

Nomen:

① der Fußball (Seite 114)
② das Skateboard (Seite 181)
③ die Ringe (Seite 166)
④ die Turnschuhe (Seite 196)
⑤ die Inlineskates (Seite 127)
⑥ das Fahrrad (Seite 108)
⑦ das Surfbrett (Seite 190)
⑧ die Schier (Seite 171), die Skier (Seite 181)
⑨ das Pferd (Seite 158)
⑩ das Judo (Seite 130)
⑪ der Ball (Seite 82)
⑫ das Tor (Seite 194)

10 Bleib fit! (Seite 225)

Verben:

① werfen, sie wirft, sie warf, sie hat geworfen (Seite 209)

② springen, sie springt, sie sprang,
sie ist/hat gesprungen (Seite 184)

③ klettern, er klettert, er kletterte, er ist/hat geklettert (Seite 133)

④ turnen, sie turnt, sie turnte, sie hat geturnt (Seite 196)

⑤ schwimmen, sie schwimmt, sie schwamm,
sie ist/hat geschwommen (Seite 178)

⑥ tauchen, er taucht, er tauchte, er ist/hat getaucht (Seite 192)

⑦ boxen, er boxt, er boxte, er hat geboxt (Seite 89)

⑧ schießen, sie schießt, sie schoss,
sie hat geschossen (Seite 172)

⑨ surfen, sie surft, sie surfte, sie ist/hat gesurft (Seite 190)

⑩ laufen, er läuft, er lief, er ist/hat gelaufen (Seite 140)

Seite 226, Aufgabe 2

nachschlagen

Konservendose

fröhlich

Bewölkung

Zungenbrecher

murmeln

Illustration

explodieren

Armbanduhr

Thermometer

Marienkäfer

Heidelbeere

empfangen

Wurm

Spange

Seite 226, Aufgabe 3

Beispiele: die Rehe, die Höhe, die Höhen, die Kühe,

die Flöhe, frohe, froher, stehen, ich stehe, gehen, ich gehe,

blühen, verzeihen, ich verzeihe, frühe, früher,

die Reihe, die Reihen, der Reiher, mähen, ich mähe,

sehen, ich sehe, die Zehe, die Zehen, glühen, ich glühe,

verstehen, ich verstehe, höher, näher, nähen, ich nähe

Seite 227, Aufgabe 1

die Erfolge – der Erfolg, proben – er probt, traurige – traurig,
die Welten – die Welt, sinken – es sinkt, rauben – du raubst,
hupen – er hupt, tausende – tausend, jagen – er jagt,
richtige – richtig, die Freunde – freundlich, klingen – es klingt,
danken – sie dankt, die Finken – der Fink, die Gifte – das Gift,
die Lumpen – der Lump, tragen – er trägt, winken – du winkst,
stärker – stark, weiter – weit

Seite 227, Aufgabe 2

die Späße – der Spaß, die Gase – das Gas,
die Beweise – der Beweis, weiße – weiß,
die Gräser – das Gras, heißer – heiß,
die Sträuße – der Strauß, die Moose – das Moos,
die Lose – das Los, die Preise – der Preis,
die Grüße – der Gruß, die Füße – der Fuß,
die Mäuse – die Maus, größer – groß,
die Hälse – der Hals, die Kreise – der Kreis

Seite 228, Aufgabe 1

ä		e	
ängstlich	die Länder	der Regen	schenken
zählen	das Gemälde	der Besen	treffen
die Kälte	gefährlich	gehen	das Leben
kräftig	die Säcke	das Hemd	der Herd

Seite 228, Aufgabe 2

äu		eu	
die Bäume	die Schläuche	die Scheune	heute
die Sträuße	träumen	treu	die Leute
häufig	der Bräutigam	das Heu	die Beule
die Bäuche	er läuft	heulen	deutlicher

Seite 229, Aufgabe 1

Wörter mit langem Selbstlaut		Wörter mit kurzem Selbstlaut	
legen	Lama	Nuss	Lamm
Kino	Strom	Kiste	drucken
Spur	Vase	Platz	Bank

Seite 229, Aufgabe 3

tz	ck	doppelter Mitlaut	verschiedene Mitlaute
Satz	backen	Neffe	Prinz
witzig	einpacken	können	fangen
		Bagger	falsch
		Falle	Amsel
		Ballon	Hemd

Seite 230, Aufgabe 1

das Licht – die Lichter, das Museum – die Museen,
der Donner – die Donner, die Fröhlichkeit, der Schnee,
der Freund – die Freunde, das Gras – die Gräser,
der Detektiv – die Detektive, der Abfall – die Abfälle,
die Dunkelheit, der Artikel – die Artikel, der Onkel – die Onkel,
der Unterricht, der Tag – die Tage, die Brücke – die Brücken,
der Platz – die Plätze, die Werkstatt – die Werkstätten,
der Erfolg – die Erfolge, das Märchen – die Märchen,
die Hoffnung – die Hoffnungen, der Wunsch –die Wünsche,
die Freizeit, das Schild – die Schilder, die Gesundheit,
die Spur – die Spuren, das Lob, das Training – die Trainings,
der Frühling – die Frühlinge, die Raupe – die Raupen,
der Frohsinn

Seite 230, Aufgabe 2

Beispiele: das helle Licht, das neue Museum, der grollende
Donner, die ausgelassene Fröhlichkeit, der weiße Schnee,
der beste Freund, das grüne Gras, der kluge Detektiv,
der stinkende Abfall, die tiefe Dunkelheit, der bestimmte
Artikel, der fröhliche Onkel, der interessante Unterricht,
der vorletzte Tag, die hohe Brücke, der hübsche Platz,
die moderne Werkstatt, der unerwartete Erfolg,
das spannende Märchen, die enttäuschte Hoffnung,
der geheime Wunsch, die tolle Freizeit, das große Schild,
die gute Gesundheit, die nasse Spur, das nette Lob,
das anstrengende Training, der warme Frühling,
die verfressene Raupe, der heitere Frohsinn

Seite 231, Aufgabe 1

der Tiger, die Tränen, das Känguru, der Igel,
das Mädchen, das Krokodil, der Käfer, der Biber,
der Käfig, das Kaninchen, der Vampir, der Käse

Seite 231, Aufgabe 2

der Computer, der Dachs, der Hai, der Clown,
die Saite, der Comic, der Kaiser, der Fuchs,
der Ochse, der Cowboy, sechs, die Eidechse

Seite 231, Aufgabe 3

Beispiele: wohnen – die Wohnung, fehlen – der Fehler,
die Mühle – mahlen, mehr – die Mehrheit,
die Fahne – das Fähnchen, fühlen – das Gefühl,
der Lohn – sich lohnen, das Jahr – jährlich,
bohren – der Bohrer, nehmen – das Benehmen,
der Lehrer – lehren, der Stuhl – der Liegestuhl

Wenn ihr Lust habt, noch mehr
englische Wörter zu lernen,
könnt ihr die Wörterlisten auf
www.diesterweg.de/bausteine/woerterbuch
herunterladen und ausdrucken.

Unter den Materialien findet ihr die Wörterlisten
Deutsch – Englisch und Englisch – Deutsch.